NOTRE-DAME

DE

SAINT - SANG

Arras, typ. Rousseau-Leroy, rue Saint-Maurice.

NOTRE-DAME

DE

SAINT-SANG

PAR

M. L'ABBÉ D. HAIGNERÉ,

Archiviste de la ville de Boulogne.

———∞○∙◉∙○∞———

PARIS

Librairie de Saint-Sulpice,

VICTOR PALMÉ, LIBRAIRE-ÉDITEUR

22, RUE SAINT-SULPICE, 22

1862

APPROBATION

de Monseigneur l'Évêque d'Arras.

Nous, Evêque d'Arras, de Boulogne et de Saint-Omer, ayant pris connaissance de *Notre-Dame de Saint-Sang*, par *M. l'abbé Haigneré, archiviste de la ville de Boulogne,* estimons que cet ouvrage, d'une érudition riche et sage, d'une rédaction simple et claire, d'une doctrine saine et solide, peut contribuer à l'instruction et à l'édification des fidèles ; en conséquence, Nous en autorisons très-volontiers la publication.

Donné à Arras, le 18 juin 1862.

† P. - L., Évêque d'Arras,

de Boulogne et de St.-Omer.

INTRODUCTION.

Dans la nouvelle paroisse de Saint-François de Sales de Bréquerecque, au pied de la colline d'Ostrohove, sur les limites de la commune de Boulogne, on remarquait naguère une petite chapelle, de misérable apparence, dédiée à la sainte Vierge, avec cette inscription : NOTRE-DAME DE SAINT-SANG, PRIEZ POUR NOUS. Aucun intérét artistique ne la recommandait à l'attention du voyageur : seule la piété populaire, fidèle au culte des souvenirs, n'avait pas oublié ce lieu de prière. Chaque jour, les habitants des environs s'arrétaient en passant pour y réciter la salutation de l'Ange, et pour y jeter, à travers les ais disjoints de la porte, quelques centimes d'offrande. Il n'y a pas longtemps que les marins de la côte boulonnaise y venaient encore faire dire la sainte Messe, à certains jours, afin d'obtenir de la bonne Vierge le succès de leur pêche et sa protection sur les flots; mais, depuis plusieurs années, cette pieuse pratique avait été interrompue. L'état de délabrement dans lequel était tombé le modeste sanctuaire ne permettait plus au prêtre d'y célébrer décemment les saints Mystères. Si quelques rares pèlerins, venus d'un lointain pays, sollicitaient parfois la permission d'entrer dans la pauvre chapelle, leur cœur attristé souffrait à la vue de l'indigence qui en attestait le complet abandon. Le pavé, partout rompu, s'inondait de l'eau du chemin; le toit effondré s'ouvrait à la pluie; les murs croulaient. Sur l'autel une croix de bois, ornée d'un crucifix de plomb, s'élevait entre deux vieux chandeliers de cuivre. On voyait au-dessus une petite statue de Notre-Dame de Boulogne, grossièrement sculptée; et quelques images de papier, appendues aux murailles humides, témoignaient qu'autrefois on y avait offert des ex-voto.

La chapelle de Notre-Dame de Saint-Sang,

qui, depuis 1816, appartenait à la fabrique de l'église de Saint-Nicolas de la Basse-Ville, avait vu des jours meilleurs ; mais tel était l'état déplorable dans lequel elle se trouvait à la fin de l'année 1856, lorsque Mgr Parisis créa la paroisse de Saint-François de Sales. Par suite de cette création, le vieux sanctuaire fut distrait de la paroisse de Saint-Nicolas et mis sous la juridiction du curé de la nouvelle paroisse.

Persuadé qu'une divine influence est profondément inhérente aux lieux où les générations antiques ont longtemps prié, M. l'abbé Leuillieux voulut tâcher de réveiller dans la population confiée à ses soins le culte de Notre-Dame de Saint-Sang. Ne pouvant y offrir le Saint-Sacrifice, il résolut d'y faire quelques processions. Aux fêtes de la sainte Vierge, après le chant des vêpres, le pieux pasteur, précédé de la croix paroissiale, prenait le chemin de la petite chapelle. Les religieuses Augustines du quartier, les enfants des écoles, quelques personnes de la paroisse, bientôt un certain nombre de fidèles, accourus de toutes les parties de la ville, y vinrent apprendre le chemin d'un oratoire dont on ne savait déjà plus l'origine. En peu de temps il fut possible de songer à une restauration de l'édifice. Tout seconda merveilleusement sur ce point les desseins de M. le curé de Saint-François de Sales. La dévotion populaire ne tarda pas à se montrer enflammée de zèle ; les offrandes les plus généreuses et les plus spontanées encouragèrent l'entreprise ; le doigt de Dieu parut s'y manifester, par les grâces signalées qu'obtint la prière, par le recouvrement de l'ancienne image de Notre-Dame, perdue depuis la Révolution française, et principalement par la reconnaissance officielle que l'autorité diocésaine fit de la relique insigne du Sang très-précieux de Notre-Seigneur Jésus-Christ, que les chanoines de Boulogne y portaient en procession, chaque année, le deuxième dimanche après la Pentecôte.

La possession d'une relique aussi importante, dans un siècle où la dévotion au Précieux-Sang a pris un développement considérable, ne permettait pas de rebâtir sur de mesquines proportions la chapelle de Notre-Dame de Saint-Sang. Sans doute on devait lui laisser le caractère d'oratoire qu'elle avait toujours eu ; mais il fallait que cet oratoire fût digne de son objet. C'est pour cela qu'on résolut d'en faire une sorte de Sainte-Chapelle, une châsse de pierre, un édifice qui, par sa décoration et son architecture, commandât l'attention et le respect.

Le plan dressé par M. Charles Hansom, de Clifton, fut approuvé par la commission diocésaine des églises et presbytères, et l'on résolut de commencer les travaux. Pour agrandir l'enceinte primitive, et afin d'établir autour de la nouvelle construction un chemin de ronde, ou deambulatorium, qui permît aux pèlerins d'en faire le tour en disant des prières, suivant les habitudes du pays, quelques parcelles de terrain furent données par l'un des propriétaires voisins ; d'autres parcelles furent acquises, et bientôt l'on put se mettre à l'œuvre.

La première pierre fut posée le jour de la fête de saint Joseph, le 19 mars 1859. Tous les matériaux de l'ancien sanctuaire ont été religieusement enfouis dans les fondements du nouveau ; et à la place des vieux murs croulants, on vit doucement s'élever en belles pierres de taille un gracieux monument de style ogival. C'est un carré long, mesurant à l'intérieur 4 mètres 20 centimètres de largeur, et 12 mètres de longueur, terminé en abside par trois pans de forme hexagonale. Le portail est orné à l'extérieur d'une statue de la sainte Vierge, debout dans la niche du fronton. Un bas-relief, sculpté en pleine pierre, décore le tympan. Les murs sont appuyés par une série de contreforts, surmontés de pinacles élancés. Une galerie fleurdelisée relie les contreforts à la base du toit ; et une flèche à jour, en bois sculpté, domine l'ensemble de la décoration supérieure.

L'édifice, pavé en carreaux de Minton, aux couleurs diaprées de l'émail le plus pur, est éclairé par onze fenêtres garnies de vitraux peints, dont six sont des grisailles. Les autres retracent les scènes de la vie de Notre-Seigneur qui sont relatives au Précieux-Sang. La voûte en pierres, à nervures, est ornée de motifs sculptés qui représentent les instruments de la Passion. Un autel en pierre, avec colonnettes en marbre du Hainaut, porte un double tabernacle destiné à recevoir la statue de Notre-Dame et le Reliquaire du Saint-Sang. Toutes les sculptures dues au ciseau habile de M. Farmer, de Londres, sont exécutées avec une fermeté, une aisance, une grâce et un fini des plus remarquables. Ces feuilles et ces fleurs qui courent dans les baies des fenêtres, dans les gorges des corniches, semblent avoir pris racine dans le sol, s'être développées aux rayons du soleil, abreuvées de la rosée du ciel, jusqu'à ce qu'une main enchanteresse les ait tout à coup pétrifiées sur place, sans froisser leur corolle délicate, sans rien diminuer de la netteté de leurs contours, et sans courber la verte vigueur de leur attitude. Rien n'a été épargné pour faire de cet oratoire un bijou d'architecture ; et le sentiment populaire, toujours si juste et si droit, l'a su bien apprécier. La chapelle de Notre-Dame de Saint-Sang est le monument le plus parfait que possède aujourd'hui la ville de Boulogne.

Raconter les origines de cette chapelle, avec les traditions qui s'y rapportent ; faire l'histoire de la vénérable image de Notre-Dame de Boulogne qu'on y conserve ; démontrer l'authenticité de la très-précieuse relique du Saint-Sang de Notre-Seigneur qu'on y révère, tel est l'objet de cette notice. Puissions-nous, en la publiant, inspirer aux populations si chrétiennes de notre pays le zèle et la foi nécessaires pour que le rétablissement de l'ancienne dévotion à Notre-Dame de Saint-Sang soit aussi complet que la reconstruction de l'édifice a été merveilleuse. C'est la meilleure récompense que nous voudrions ambitionner pour notre travail.

Boulogne-sur-Mer, le 15 mars 1861.

En la fête du Très-Précieux-Sang de N.-S. J.-C.

NOTRE - DAME

DE SAINT - SANG

CHAPITRE Ier.

La chapelle de Notre-Dame de Saint-Sang est le premier
oratoire chrétien qui ait été bâti à Boulogne.

Deux traditions, qui ne s'excluent point,
se rattachent à la chapelle de Notre-Dame de
Saint-Sang. L'une attribue à ce sanctuaire le
souvenir de la première prédication de l'Évangile dans le Boulonnais ; l'autre est relative à
la réception de la relique du Saint-Sang de
Notre-Seigneur. Nous allons exposer successi-
vement ces deux traditions, qui ne s'appuient
sur aucun texte contemporain des événements,
mais qui ne sauraient être sans valeur. Tout
le monde sait combien la ville de Boulogne

est pauvre en documents historiques, antérieurs au XVIᵉ siècle. Mais, si le temps a dévoré les pages de l'histoire écrite, nous avons l'histoire orale que la mère racontait à sa fille, sous la dictée de l'aïeule, dans les pieuses veillées du foyer domestique, et qui est toujours très-respectable, quand aucun témoignage contraire n'en vient infirmer l'autorité.

Les historiens Boulonnais sont unanimes à dire que, vers la fin du IIIᵉ siècle, l'un des premiers apôtres de la Morinie, saint Victorique, laissant à saint Fuscien, son compagnon, le soin d'évangéliser Thérouanne, est venu apporter à Boulogne la bonne Nouvelle du salut. On ne lit rien sur ce sujet dans les Actes des saints Martyrs; mais il faut remarquer que ces Actes sont plutôt le récit de leur glorieuse passion, que l'histoire de leur apostolat. On y voit qu'ils allèrent prêcher à Thérouanne, où ils firent de nombreux miracles pour prouver la vérité de leur enseignement; mais, comme c'est la seule phrase où il soit question de leur mission dans ce pays, le champ est bien libre pour les details traditionnels.

Après avoir prêché les vérités saintes aux pauvres, aux déshérités de ce monde, qui habitaient les faubourgs de l'opulente ville romaine de *Gesoriacum,* saint Victorique aurait fondé, à quelque distance des murs de la cité, près des tombeaux qui avoisinaient la route (1), ce modeste oratoire, où son fidèle troupeau s'assemblait pour adorer le Christ Sauveur et invoquer la Mère de la grâce et de la miséricorde. Avant la Révolution française, on voyait dans la chapelle un monument destiné à rappeler et à perpétuer la mémoire de la prédi-

(1) La partie du territoire de Boulogne qui est comprise dans la nouvelle paroisse de Saint-François de Sales, est connue sous le nom de Bréquerecque (*Bracquerecque* dans un document de l'an 1415) ; et c'est là qu'ont été trouvés, à diverses époques, plusieurs tombeaux romains, des traces de constructions antiques, un vaste cimetière, fouillé en 1824, et les restes de la chaussée impériale d'Amiens à Boulogne.

cation de saint Victorique. L'historien Dubuisson (1) nous apprend que, « sur l'un des
« tableaux dont cette chapelle était décorée
« et qui en faisait le lambris, paraissait un
« vieillard, assis au pied d'un arbre, l'Évan-
« gile à la main, et environné d'une foule de
« peuples, auxquels il annonçait la parole de
« Dieu. La ville haute était d'un côté avec la
« Tour-d'Ordre ; un ange descendu du ciel ve-
« nait couronner de fleurs celui qui prêchait
« les merveilles de Jésus-Christ, et au pied du
« tableau était écrit :

« SANCTUS VICTORICUS CHRISTI FIDEM PRÆDI-
« CASSE BONONIENSIBUS ET ÆDICULAM DEO HIC
« EREXISSE TRADITUR ; MARTIRIO CORONATUS EST
« AMBIANI, ANNO CCCIII.

« C'est-à-dire :

« *On tient par tradition que saint Victoric*

(1) *Antiquités du Boulonnais.* Ms de la bibl. de Boulogne, pp. 101 et 102. L'auteur, huissier-audiencier au
siége de l'amirauté de Boulogne, est né à Enocq, commune de Brexent-Enocq, le 4 octobre 1716, et mort à
Boulogne, le 17 novembre 1786.

« *annonça icy aux Boulonnais la foi de Jésus-*
« *Christ; et qu'après avoir élevé cet autel à*
« *Dieu, il reçut à Amiens la couronne du mar-*
« *tyre, l'an 303.* »

La date citée ici par Dubuisson n'est qu'approximative. D'après les Actes des saints Martyrs, leur mort eut lieu sous le règne de Maximien. Gazet (1), Rosweyde (2) et Malbrancq (3) la rapportent à l'an 300 ou 302; Tillemont (4) croit que ce fut en 286 ; d'autres auteurs (5) proposent 292. Si les apôtres de la Morinie ont reçu leur mission du pape saint Fabien, vers l'an 249, ils exercèrent au moins pendant trente ans leur saint ministère dans nos con-

(1) *Histoire ecclésisastique du Pays-Bas* (1614), p. 277.

(2) *Les Fleurs des Vies des Saints* (de Ribadeneira), édit. de Douai, 1630, p. 1438, col. 2.

(3) *De Morinis*, t. I, p. 135.

(4) *Mémoires pour servir à l'histoire ecclésiastique des six premiers siècles*, t. IV, p. 455.

(5) Voir le *Légendaire de la Morinie*, p. 348. — Cf. Ghesquiere, *Act. SS. Belgii*, t. I, p. 162 et 163, ubi Buæus ex t. II. octob. p. 355.

trées, et il est évident qu'ils ne bornèrent point leur prédication à la seule ville de Thérouanne. Quoi qu'il en soit de la date précise à laquelle ces faits ont eu lieu, M. l'abbé Parenty, chanoine d'Arras, et vicaire général de Mgr Parisis, n'hésite pas à faire, d'après Malbrancq, le récit suivant des travaux du saint martyr Victorique, à Boulogne. « Ce fut, dit-il, « dans les cantons qui bordaient la mer, qu'il « voulut exercer son zèle. Il se rendit donc « dans le *Pagus Gesoriacus*, qui comprend au- « jourd'hui le Boulonnais. Il se trouvait sur « la côte plusieurs ports qui contribuaient « à donner à cette partie de la Morinie une « grande importance. Celui de Boulogne, en « particulier, était très-fréquenté. Ce fut là que « Victorique voulut exercer son zèle aposto- « lique, mais il n'y fut pas plus heureux qu'à « Thérouanne. Cette ville des Césars, dit Mal- « brancq, toute fière de la préférence que lui « accordaient les chefs de la puissance romaine « et de leur séjour dans l'enceinte de ses murs,

« ne voulut point souffrir qu'un homme ob-
« scur, un inconnu, vînt y établir le culte nou-
« veau d'un Dieu inconnu.

« Il crut donc devoir songer à l'établisse-
« ment d'un oratoire en dehors de cette cité
« nouvelle, sur un terrain qui s'étend en avant
« de Boulogne, du côté de l'ouest, qui servait
« alors de digue aux flots de la mer qui re-
« montaient dans le bassin de la rivière de
« Lianne. On voit (1), dit Malbrancq, sur la
« droite de la route de Montreuil, une chapelle
« qui pourrait bien, ce me semble, rappeler à
« juste titre la petite église fondée par saint
« Victorique. Aujourd'hui encore elle est dé-

(1) Voici le texte de Malbrancq, t. I, p. 132. Etiam-
num illic visitur sacrariolum via Monstroliensi ad
dexterum latus recedens, crediderimque non leve Vic-
torici ædiculæ esse monimentum, et quidem hactenus
Virgini dedicatum : ubi dicemus ad ann. 635, S. Biri-
num rem sacram fecisse, et ad annum 1099 Godefridi
Bononiensis tum Hierosolymitani regis munera ex-
cepta : porro quotannis Bononienses canonici Pente-
costalibus eo supplicationem instituunt.

« diée à la sainte Vierge. C'est là, dit une
« pieuse tradition, que saint Birin, premier
« évêque de Dorcester, célébra les saints My-
« stères en 635. C'est là aussi qu'en 1099 furent
« apportées et reçues les offrandes envoyées
« par Godefroi de Bouillon, qui venait d'être
« couronné roi de Jérusalem. Chaque année,
« à la fête de la Pentecôte, les chanoines de
« la cathédrale se rendent en grande solen-
« nité à cette chapelle vénérée (1). »

Malbrancq ajoute que là se réunissaient, ve-
nant du Haut et du Bas-Boulonnais, ainsi que
du Ponthieu, les chrétiens que saint Victorique
avait amenés, par ses vertus et ses travaux,
à embrasser la doctrine de Jésus-Christ (2).

Nous ne rappellerons pas ici comment les

(1) *Vie des SS. Fuscien, Victorique et Gentien*, par
M. l'abbé Parenty, pp. 334 et 335 du *Légendaire de la
Morinie*.

(2) Huc conveniebant e fossa Bononica, e Gesoriaco
Pago, e Pontivo Christiani, quos multis virtutibus la-
boribusque egregius ille victor ad capessendum Christi
jugum impulerat. t. I, p. 132.

deux Saints retournèrent aux environs d'Amiens, où ils reçurent avec Gentien, leur hôte, la couronne du martyre. Ces détails n'ont qu'un rapport très-éloigné avec l'histoire de Notre-Dame de Saint-Sang.

Vers l'an 635, le prêtre romain Birinus ou Birin, dont il vient d'être parlé, se rendit en Angleterre pour y prêcher la foi catholique. D'après le récit de Malbrancq (1), il s'embarqua à Boulogne; et, avant de partir, il offrit le Saint-Sacrifice dans un oratoire que l'on croit avoir été la chapelle bâtie par saint Victorique. A cette occasion, le même auteur raconte un miracle dû à la grande piété de saint Birin. A peine le vénérable missionnaire était-il sorti du port qu'il se souvint d'avoir oublié sur

(1) T. I, p. 345. In littorali ædicula operatus est, quam extra Bononiæ muros in littore erectiori insidere via Monstroliensi, et Victoricum apostolum diximus agnoscere conditorem. V. La *Chronique de Jorewall*, publiée sous le nom de John Bromton, par Twysden (*Hist. Anglic. script.* X. Londres, 1652, col. 755.)

l'autel un corporal (*pallam*), dont le Pape lui avait fait présent, et auquel il attachait avec raison le plus grand prix. Or, comme les matelots ne voulurent point retarder la marche du navire, ni retourner au port, pour un objet d'aussi minime importance à leurs yeux, saint Birin arrêta miraculeusement le vaisseau, en descendit promptement, marcha sur les eaux de la mer jusqu'à l'oratoire où il avait célébré les saints Mystères, retrouva sur l'autel le précieux objet de sa sollicitude, et revint de la même manière rejoindre le navire qui se tenait immobile à l'endroit où il l'avait laissé. Saint Birin aborda ensuite heureusemeut aux rivages de la Grande-Bretagne, où il gagna beaucoup d'âmes à Jésus-Christ. L'Église honore sa mémoire le 3 décembre, jour de sa mort, arrivée l'an 652.

L'histoire des âges suivants ne nous fournit aucun renseignement sur la chapelle qui fait l'objet de cette Notice. Il paraîtrait qu'elle a été rebâtie, ou du moins restaurée, en 984,

d'après une inscription que Dubuisson (1) a
vue sur une des pierres du portail. On ne sait
rien de plus jusqu'à l'époque de Godefroi
de Bouillon, où commence la seconde tradition sur la fondation de Notre-Dame de Saint-
Sang.

(1) Ouvrage cité, p. 101.

CHAPITRE II.

La chapelle de Notre-Dame de Saint-Sang s'élève à l'endroit où le clergé de Boulogne alla recevoir, le 3 juin de l'an 1100, la Relique du Saint-Sang de Notre-Seigneur, et d'autres reliques, que Godefroi de Bouillon envoya de Jérusalem à l'église de Notre-Dame.

Le Martyrologe des fondations de l'église cathédrale de Boulogne, comprenant les usages et coutumes de cette église, rédigé par les hommes les plus compétents sur ces matières, et approuvé par Mgr Claude Le Tonnelier de Breteuil, en 1694, constate l'existence de cette tradition dans les termes suivants (1) : « Le « dimanche de l'octave [de la Fête-Dieu], « après la grande Messe, qui se commence à

(1) P. 6. — Cet ouvrage est devenu d'une extrême rareté. On en trouve cependant un exemplaire dans la bibliothèque de M. Abot de Bazinghen, et un autre dans celle de M. Ed. Latteux, du Denacre.

« huit heures et demie, on porte en proces-
« sion la relique du Saint-Sang à la Chappel-
« lette près la Madeleine, en mémoire des
« reliques très prétieuses que Godefroy de
« Bouillon envoya de Syrie et de Palestine à
« l'église Notre-Dame de Boulogne, l'an 1099.»
Nous examinerons plus loin la valeur de cette
date.

Malbrancq dit de même, dans le IIIe volume
de son ouvrage DE MORINIS, imprimé en 1654 :
« Un jour que la bienheureuse comtesse Ide
« de Lorraine, mère de Godefroi de Bouillon,
« était en prières dans une petite chapelle de
« la sainte Vierge, située près de la mer, à
« quelque distance des murs de l'antique
« *Bolonia,* elle reçut une lettre de son fils Go-
« defroi, qui lui annonçait l'envoi de plusieurs
« saintes reliques, enfermées dans une cas-
« sette scellée de son sceau. Merveilleusement
« réjouie de la réception de ces précieux tré-
« sors, la sainte comtesse convoque à l'instant
« tout le clergé boulonnais, qui s'empresse

« d'accourir, revêtu de ses vêtements de
« chœur, et qui chantant des hymnes et des
« cantiques, au milieu du concours universel
« de toute la ville, transporte à la basilique de
« la Vierge, le très-saint présent du pieux
« Godefroi. En souvenir de ce fait, les Bou-
« lonnais vont en procession à cette chapelle,
« le dimanche dans l'octave du Saint-Sacre-
« ment (1). » Malbrancq, qui écrivait avant la
publication du Martyrologe, cite comme autorité des documents dont il ne spécifie point la

(1) Cum preces [Ida] funderet in B. Mariæ sacrariolo,
ad pelagus sito prope parietinas antiquæ Bononiæ,
capsam recipit cum ipsius Godefridi Regis litteris ma-
tri suæ, quam noverat lipsanorum sanctorum amantis-
simam, fidem facientibus : capsæ sigillo suo obsi-
gnatæ... inesse... SANGUINEM [Christi] MIRACULOSUM...
His mirifice excita, e vestigio clerum omnem Bono-
nicum adesse jussit linteatum, et multo cantu ac suf-
fitu, tota affusa civitate, in partheniam Basilicam filii
munus sanctissimum deportari. Hinc quotannis, die
dominica intra octavam venerabilis sacramenti, supplicationem ejus rei memorem ad illud sacellum instituunt Bononienses. t. III, p. 45.

nature, mais qui existaient de son temps, à Boulogne : *Ex monumentis Bononiensium.*

Le prêtre Philippe Luto, mort curé de Saint-Inglevert, en 1746, l'historien le plus judicieux, et on peut le dire en général, le critique le plus éclairé qui ait écrit l'histoire de Boulogne, raconte le fait, à peu près dans les mêmes termes : « Les Mémoires de l'église de « Notre-Dame de Boulogne, dit-il, portent que « la sainte Dame [Ide de Lorraine], après l'avoir « réparée [en 1104], l'enrichit de quantité de re- « liques que ses enfants Godefroy et Baudouin « luy envoyèrent de la Palestine. Les reliques « que Godefroy envoya d'abord, pour satis- « faire la dévotion de sa mère, afin qu'elles « fussent dans l'église de Boulogne comme un « gage et une prérogative de l'amour singulier « qu'il avait pour cette église, qu'il voulait « enrichir par ce moyen, furent reçues hors « des murs de la ville, en pompe et en céré- « monie, par une procession solennelle, qui « alla au-devant jusqu'à l'endroit où l'on a

2.

« bâti une petite chapelle, sur le chemin de
« Montreuil, en laquelle le Chapitre de Notre-
« Dame continue d'aller tous les ans en pro-
« cession, le dimanche dans l'octave de la
« Fête-Dieu, qui est le second après la Pente-
« côte (1). »

Il est inutile de faire d'autres citations : on
voit que la tradition était formelle au XVIIe et
au XVIIIe siècle. Voyons maintenant quel fondement elle a dans les siècles antérieurs.

Un document publié par Aubert Le Mire,
dans ses *Opera diplomatica* (2), nous reporte
au milieu du XIIIe siècle. En 1247, le frère de
saint Louis, Robert I, comte d'Artois, ayant
fait ouvrir un reliquaire qui appartenait à l'é-
glise collégiale de Lens, et dont il voulait véri-
fier et reconnaître authentiquement le con-

(1) *Mémoires pour servir à l'Histoire de la ville de
Boulogne sur la mer et de son comté* ; Ms. de la bibl.
de Boulogne, p. 392.

(2) Edition Foppens, Louvain, 1723, p. 204. *Voir cet
acte aux pièces justificatives* (A).

tenu, en présence de l'évêque d'Arras et d'un
Légat du Saint-Siége, expédia sur ce sujet une
charte qui renferme la déclaration suivante :
« Autrefois (il n'y avait pas cent cinquante
« ans), le très-chrétien roi de Jérusalem, Go-
« defroi de Bouillon, par une prérogative d'a-
« mour singulier, dota et enrichit ses églises
« de Notre-Dame de Lens et de Boulogne, de
« précieuses et miraculeuses reliques (1), qu'il
« s'était procurées dans les pays d'outre-mer.»

En outre, un très-vieux Légendaire du Chapitre de Boulogne, cité par l'archidiacre Le
Roy dans son Histoire de Notre-Dame (2), témoigne de même que l'église de Boulogne

---

(1) Olim christianissimus Jerosolymorum rex Godefridus de Bullon, dux Brabantiæ, dominus de Lens in
Artesio, et comes de Bolonia supra mare, suas Beatæ
Mariæ Lensensis et Boloniensis ecclesias, quadam prærogativa specialis amoris, pretiosis ac miraculosis dotavit atque ditavit reliquiis (quas per eum acquisitas in
partibus transmarinis utrique Ecclesiæ pro medietate
dicitur æqualiter divisisse).

(2) Preuves de l'édit. de 1681, p. 259.

était en 1134 « fournie et ornée d'un grand
« nombre de saintes reliques, envoyées de la
« Syrie et de la Palestine, par Godefroi de
« Bouillon, comte boulonnais, et par Bau-
« douin son frère (1). » Nous n'avons plus ce
Légendaire, qui traitait de la Relation du chef
de saint Maxime, de Boulogne à Thérouanne;
mais tout nous fait croire qu'il avait été rédigé
à l'époque même de ce dernier événement,
c'est-à-dire vers 1134, quelle que fût la date
à laquelle avait pu être écrit l'exemplaire sur
lequel Le Roy a travaillé.

Voilà donc deux documents, assez voisins
du temps de Godefroi, pour que l'on puisse

(1) Ecclesia Beate Marie Bolon. ante 30 circiter
annos, a Sancta Itta, seu Ida, Matre Godefridi Bullonii
comitis Boloniensis et Primi Jerosolymorum Regis
christiani, constructa fuerat, et plurimis Reliquiis san-
ctis, e Syria et Palestina, ab eodem Godefrido, et Bal-
duino ejus fratre, transmissis, instructa et ornata.
(*Ex vetusto Legendario capituli Boloniensis de relatione
capitis S. Maximi Episcopi ex Ecclesia Bolon. ad Ta-
ruennensem, an. 1134*).

ajouter foi au témoignage qu'ils apportent, touchant un envoi de reliques, fait à sa mère et à l'église de sa ville natale par le héros de la première croisade. C'est assez, ce nous semble, pour donner un fondement solide à la tradition qui concerne l'origine de la chapelle de Notre-Dame de Saint-Sang. Ajoutons cependant la coutume de la procession, qui doit être immémoriale. Il serait en effet difficile qu'elle ait pu être instituée après coup, surtout à un jour pareil, quand le clergé et le peuple de la ville étaient occupés aux processions paroissiales de la Fête-Dieu. N'est-il point, par cela même, probable que la procession du Saint-Sang était antérieure à la seconde moitié du XIIIe siècle, époque de l'établissement des processions du Saint-Sacrement ?

Il nous reste à déterminer la date précise de l'arrivée des saintes reliques à Boulogne. On a vu plus haut que le Martyrologe et Malbrancq assignent à cet événement l'année 1099, qui est celle de la prise de Jérusalem par les Croisés. Nous ne croyons pas que ce soit la date véritable. Le clergé de Notre-Dame n'a pas dû choisir sans raison le deuxième dimanche après la Pentecôte pour faire annuellement sa procession commémorative. Il est à croire que c'est là un anniversaire. Or, les Croisés n'étant entrés à Jérusalem que le 15 juillet de l'année 1099, les reliques envoyées par Godefroi n'auraient guère pu parvenir à Boulogne avant la fin de l'automne. Le comte Eustache, du reste, ne rentra dans ses états que dans le courant de l'année suivante (1). C'est ce qu'a très-bien compris l'historien Dubuisson (2), qui place le fait au 27 mai de l'an 1101. Mais il se trompe d'un autre côté, en mettant au 27 mai le deuxième dimanche après la Pentecôte,

(1) On a de lui une charte donnée à Marck, en faveur de l'abbaye de la Capelle, portant la date de l'an 1100. (*Aub. Mir. op. diplom.* Edit Foppens, t. II, p. 1311).

(2) *Antiquités de Boulogne*, p. 370.

lequel, en 1101, Pâques tombant le 21 avril, n'arrive que le 24 juin. Aussi, pourquoi reculer jusqu'à l'an 1101, après le retour d'Eustache, presque un an après la mort de Godefroi, l'envoi des reliques? N'est-il pas plus vraisemblable que ces précieux gages de l'amour du pieux Croisé pour l'église de ses pères, purent être transférés solennellement, de la chapelle de Saint-Victorique à la basilique de Nôtre-Dame, le dimanche 3 juin de l'an 1100? C'est la date à laquelle nous arrêterons nos conjectures.

Le ciseau de Farmer a dramatisé cette scène au tympan du portail. Sur la route, en face de la chapelle, le comte Eustache ayant arrêté ses coursiers frémissants, est descendu de son char victorieux. Il est encore vêtu de la cotte de maille ; mais son casque gît à ses pieds, et derrière lui son connétable, Goscelin d'Odre, s'est agenouillé, tenant l'écu d'argent à la croix d'or, armes de Boulogne et de la Terre-Sainte(1).

(1) Les armes du chevalier au cygne, père de Godefroi de Bouillon, étaient, suivant les vieux romans du

La bienheureuse comtesse Ide de Lorraine est accourue à la rencontre de son fils, et elle reçoit dévotement dans ses mains le reliquaire du Saint-Sang, que soutiennent deux anges. Le clergé en robes de chœur, les bourgeois de la ville, des religieuses prosternées sur le sol, l'évêque de Thérouanne et de Boulogne, en crosse et en mitre, se préparent à marcher processionnellement vers la cathédrale. Tous les personnages sont dans une attitude recueillie, et se montrent pénétrés de la plus respectueuse vénération pour l'insigne relique, dont la piété de Godefroi vient d'enrichir la ville de Boulogne.

XIIe siècle, *d'argent à le crois d'or.* Tout le monde sait que le chevalier au cygne n'est autre qu'Eustache II, comte de Boulogne. Les armes des rois de la Terre-Sainte étaient d'argent à la croix potencée d'or, cantonnée de quatre croisettes de même.

CHAPITRE III.

Histoire de la Chapelle et de l'Image de Notre-Dame de
Saint-Sang.

Nous savons peu de chose sur la modeste
existence de cette chapelle, depuis le temps de
Godefroi de Bouillon jusqu'à nos jours. Cependant, placée sur le bord d'une route fré-
quentée, elle dut recevoir la visite de nombreux
pèlerins. Ceux qui, de ce côté, affluaient en
grandes troupes, se rendant de Paris et de
l'intérieur de la France au célèbre sanctuaire
de Notre-Dame de Boulogne, ne pouvaient
passer devant la chapelle de Notre-Dame de
Saint-Sang, qui bordait la route, sans y offrir
à Dieu et à la très-sainte Vierge une humble
prière. On peut donc admettre, avant tout,
que ce petit pèlerinage était associé au grand

pèlerinage de Boulogne, célèbre dans toute la chrétienté (1).

L'historien Luto, dont nous avons déjà parlé, nous apprend qu'outre ces pèlerinages, pour ainsi dire de circonstance, la *Capelette*, comme on l'appelait alors, était de plus l'objet d'un pèlerinage spécial. « Il y avait autrefois, dit-il, « un concours de peuple qui venait en pèleri-« nage à cette chapelle, de tous les cantons « du Boulonnois, du Pays reconquis, du Pon-« thieu, de l'Artois et de la Flandre ; mais qui « a été interrompu par les guerres avec « l'Espagne, qui ont duré des siècles entiers « dans nos quartiers (2). »

Avec la dévotion populaire, individuelle, qui amenait les pèlerins devant l'autel de Notre-Dame de Saint-Sang, il y avait aussi les pompes processionnelles du dimanche de la Fête-Dieu, les solennelles supplications des

(1) Voyez notre *Histoire de Notre-Dame de Boulogne*, gr. in-18, 1857.

(2) Mémoires cités, p. 392.

paroisses de la ville, de plusieurs églises rurales et quelquefois du chapitre lui-même, présidé par l'évêque, aux jours des Rogations, ou dans les calamités publiques. Mais ces faits, conservés dans la mémoire des vieillards, n'ont pas été consignés dans les chroniques.

Sans doute, à cause des ravages que promène la guerre, et par suite de l'incurie des hommes, la *Capelette* fut ruinée bien des fois ; mais toujours elle se releva de ses ruines. On l'avait rebâtie en 1700 ; et ce que nous avons dit plus haut des peintures qui, suivant Dubuisson, en faisaient le lambris, prouve qu'on l'avait revêtue d'une certaine magnificence. D'ailleurs, les débris d'un pavement, fait de carreaux émaillés, disposés avec art ; des pierres qui ont appartenu aux pieds-droits d'un portail gothique ; quelques autres fragments retrouvés sous terre, dans les derniers travaux de reconstruction, montrent que nos ancêtres n'ont pas tenu ce lieu sacré dans l'abandon où nous l'avons vu.

Pendant le cours du XVIIIe siècle, la chapelle de Notre-Dame de Saint-Sang fut témoin d'une intéressante cérémonie, toute pleine des souvenirs de son plus ancien passé. Mgr de Partz de Pressy, évêque de Boulogne, jaloux de procurer à son église cathédrale l'honneur de posséder des reliques des saints Fuscien et Victorique, avait obtenu du Chapitre de Saint-Quentin et du Chapitre d'Amiens, quelques parcelles des ossements de ces illustres Martyrs. Comme au temps de sainte Ide et de Godefroi de Bouillon, la *Capelette* fut le lieu où s'arrêta le précieux fardeau qu'apportait d'Amiens le grand vicaire de Boulogne, M. de Méric de Montgazin. Le 12 septembre 1773, Mgr de Partz de Pressy, accompagné de son vénérable Chapitre, des différents corps de ville et d'une foule immense de peuple, se rendit en procession à Notre-Dame de Saint-Sang, et de là fit transporter solennellement les reliques dans la cathédrale, où elles furent honorées par une octave de fêtes auxquelles accoururent toutes les paroisses environnantes. Favorisée par un temps magnifique, la cérémonie fut très-belle et se passa, d'après un chroniqueur de l'époque « avec beaucoup de dévotion et de vénération (1). »

Avant la Révolution française, il y avait, dans la chapelle de Notre-Dame de Saint-Sang, une statuette de Notre-Dame de Boulogne, représentée assise entre deux anges, dans son bateau traditionnel. Le bois dont elle est faite porte le caractère d'une antiquité respectable ; et l'on voit, principalement à la forme du bateau, que c'est une œuvre qui date au moins des premières années du XVIIᵉ siècle. Cette vénérable Image, l'un des plus anciens monuments sculptés qui nous restent du culte de Notre-Dame de Boulogne, n'a pas échappé à

(1) Jacques Cavillier, Mémoires mss., à la date du 12 mars 1773. Le mandement publié par Mgr de Pressy, pour cette solennité, est daté du 27 août suivant et il indique le deuxième dimanche de septembre comme devant être le jour de la cérémonie.

la profanation et à la mutilation sacrilége de 1793.

Un jour, de zélés patriotes, voulant gagner la faveur des forcenés qui ensanglantaient la France, coururent à la *Capelette*, dépouillèrent l'autel, foulèrent aux pieds les choses saintes, confisquèrent les ex-voto et emportèrent la statue de Notre-Dame. Il n'est pas besoin de dire avec quelle joie féroce, quels rires obscènes, quels ignobles outrages, ils la traînèrent le long de la rue Royale, jusqu'au port, auprès des Casernes, à l'endroit où se trouvait la passerelle qui traversait la Liane vers Outreau. Là, suivant le récit d'un témoin oculaire, après mille propos grossiers et un grand redoublement d'injures, ils la précipitèrent dans les flots de la mer, en lui criant avec un insultant mépris : « Tu as un bateau, voyage ! » La statue voyagea. Elle remontait doucement le cours de la Liane, se dirigeant vers sa chapelle.

Comme saint Pierre avait suivi le Sauveur

dans sa Passion, afin de voir quel en serait le dénouement, un pieux ouvrier des champs, habitant le hameau d'Ostrohove, suivait les révolutionnaires et les observait à distance, pour savoir ce que deviendrait entre leurs mains la sainte Image. Quand il la vit flotter en paix sur le tranquille courant qui refluait vers Bréquerecque, saisi d'une inspiration soudaine, il retourna vitement sur ses pas, sans perdre de vue l'objet de sa sollicitude. Bientôt la statue, arrivée aux environs de la chapelle, se dirigea vers la rive. Transporté de joie, le digne ouvrier entre dans l'eau, s'avance au-devant de sa bien-aimée patronne, l'appelle à lui avec une confiance naïve, la reçoit pieusement sur son sein, et palpitant d'une religieuse émotion, il court la cacher au lieu le plus secret de sa demeure. La statue de Notre-Dame de Saint-Sang resta donc à Ostrohove, comme l'Arche sainte dans la maison d'Obededom, tant que dura le règne de la Terreur.

Cependant la chapelle dévastée fut laissée déserte et comme oubliée. On ne la comprit point dans la vente des biens nationaux. Les avides proconsuls dédaignèrent une proie si faible ; ou plutôt Dieu, qui avait ses desseins, voulut qu'un sanctuaire où son Sang précieux avait reposé, ne fût point anéanti. Pour que la profanation devînt complète, on en fit quelque temps un corps-de-garde ; mais, comme c'était une masure inhabitable, le poste militaire fut promptement transféré dans une maison voisine. Ainsi cet intéressant monument de l'histoire religieuse de Boulogne tomba lentement dans une ruine complète.

Après le retour des Bourbons, lorsqu'il sembla qu'en France on allait restaurer toutes choses, l'attention se porta de nouveau sur l'oratoire délabré, dont il ne restait que les fondations et les murailles. Plusieurs habitants de Boulogne, principalement ceux du quartier de Bréquerecque, mus par des sentiments de piété, adressèrent à Mgr l'Évêque d'Arras et au préfet du Pas-de-Calais, deux pétitions, à l'effet d'obtenir la permission de réédifier la chapelle de Notre-Dame de Saint-Sang. Ces pétitions, favorablement apostillées par le maire de la ville, eurent un plein succès. Mgr de la Tour-d'Auvergne, par une ordonnance du 23 août 1814, et M. Lachaise, préfet du Pas-de-Calais, par un arrêté du même jour, autorisèrent la reconstruction. Un sieur Baudouin était à la tête de l'entreprise. Agissant en son propre et privé nom, il fit plusieurs quêtes à domicile et il établit un tronc à la porte de la chapelle, pour recueillir les fonds nécessaires. En peu de jours, la chapelle fut réparée et mise dans un état décent. Le sieur Baudouin y fit faire une toiture en tuiles, rétablit l'autel et le pavé, y plaça quelques ornements ; et bientôt il sollicita auprès de Mgr l'Évêque l'autorisation de la faire bénir.

Sur ces entrefaites, la fabrique de l'église de Saint-Nicolas, dans la circonscription paroissiale de laquelle se trouvait la *Capelette*, prit l'éveil.

3.

S'appuyant sur l'article 2 du décret du 7 thermidor an XI, d'après lequel « les biens « de fabrique des églises supprimées se- « ront réunis à ceux des églises conservées « et dans l'arrondissement desquelles ils se « trouvent, » le conseil de fabrique, dans sa séance du quatrième trimestre de 1814, réclama auprès de l'évêque et du préfet, la propriété de l'oratoire dont il ne s'était pas inquiété jusqu'alors. Nous n'entrerons point dans le détail des formalités administratives qui suivirent cette réclamation. On accusa le sieur Baudouin de s'être approprié, pour son existence personnelle, une partie des offrandes destinées à son œuvre. Ce fut une assez longue affaire. Les ouvriers n'avaient reçu que de faibles à-compte ; la fabrique voulait avoir la chapelle sans être obligée d'en payer les dettes ; l'administration municipale déclinait toute responsabilité sur les conséquences de l'entreprise, qui n'était point à sa charge. A la fin, le 16 octobre 1815, M. l'abbé Ballin, curé-doyen de

Fruges, accompagné de M. l'abbé Delattre, vicaire de l'église paroissiale et royale de Saint-Joseph, commissaires spéciaux, nommés par ordonnance épiscopale en date de la veille, se rendirent à Notre-Dame de Saint-Sang, accompagnés du commissaire de police, pour faire l'inventaire des objets que la chapelle renfermait, en prendre les clefs et en faire la remise à l'administration de la fabrique de Saint-Nicolas. Peu après, sur la demande de M. Merlin-Dubrœuil, maire de Boulogne, M. Malouet, préfet du Pas-de-Calais, mit un terme aux vicissitudes de la pauvre *Capelette*, en la soumettant à la juridiction du curé-doyen de Saint-Nicolas, par son arrêté du 20 mars 1816 (1).

L'oratoire de Notre-Dame de Saint-Sang

(1) *Registre aux arrêtés du maire de Boulogne*, D² A, n° 9 ; *Registre aux copies des lettres écrites par l'administration*, D³ A, n°ˢ 25 et 26 ; et dossiers spéciaux de l'affaire, *Cultes* 1815, n° 10, et 1816, n° 10. (Archives de la ville.)

fut alors publiquement ouvert au culte divin, et on y célébra de temps en temps le saint-sacrifice de la Messe, pour satisfaire la dévotion des fidèles. Nous avons vu plus haut comment cette restauration a été de peu de durée.

L'ancienne statue de Notre-Dame de Saint-Sang ne fut point remise dans la chapelle par celui qui l'avait sauvée du naufrage. On s'était contenté d'en faire une grossière copie, sculptée de mémoire, qu'on avait exposée sur l'autel à la vénération des pèlerins. Mais, quand M. l'abbé Leuillieux eut rétabli les pèlerinages, de vagues rumeurs circulèrent, annonçant que *Notre-Dame de Boulogne de Saint-Sang* n'avait pas été détruite pendant la Révolution ; qu'elle était conservée quelque part ; qu'on l'avait honorée autrefois d'un culte domestique dans une maison du hameau d'Ostrohove, et enfin que la famille qui l'avait possédée avait quitté le pays, et s'était allée fixer dans le Haut-Boulonnais.

Les informations, qui furent immédiatement prises à ce sujet, firent découvrir le nom du courageux chrétien qui avait sauvé la sainte Image. C'était un petit cultivateur qui s'appelait Claude-Marie-François Fauquemberg, dit Marant, né à Ostrohove, le 26 mars 1760 et décédé au même lieu, le 26 février 1838, à l'âge de 78 ans. Aussitôt que les mauvais jours avaient été passés et que, rassasiés de sang, les cruels despotes qui écrasaient la France, ne virent plus un crime dans la prière, Fauquemberg tira Notre-Dame de Saint-Sang de sa cachette et la plaça avec respect au lieu le plus honorable de sa modeste demeure. Il avait coutume d'amener chez lui les petits enfants du hameau, et de les exhorter à prier humblement les mains jointes devant sa bonne Vierge. C'est ainsi que Notre-Dame de Saint-Sang ne cessa point d'être vénérée par cette famille aux mœurs patriarcales ; par les vieillards qui venaient y raviver les souvenirs de leur jeune âge ; et par les nécessiteux qui accouraient à ses pieds, pour lui demander secours et assistance. On cite notamment une dame anglaise catholique, qui résidait à Ostrohove, et qui se rendait chaque jour dans la maison de Fauquemberg, afin d'y faire sa prière auprès de la statuette miraculeuse. Elle fit au gardien de ce saint dépôt les offres les plus séduisantes, pour obtenir qu'il le lui cédât à prix d'or ; mais le digne ouvrier aurait cru commettre une lâche prévarication, s'il eût prêté une oreille favorable à une proposition de ce genre.

On savait ces détails, mais on ignorait ce qu'était devenue la famille de Fauquemberg. Grâce aux informations prises par M. l'abbé Masset, curé de Frencq, dont la respectable mère habite Ostrohove, on découvrit que la veuve de Fauquemberg, Marie-Jeanne Fauchois, était allée mourir dans cette paroisse, et que la statue de Notre-Dame de Saint-Sang était conservée à Tubersent, dans la maison de Liébert Pacquez. C'était un des enfants que Marie-Jeanne Fauchois avait eu d'un premier mari ; car son union avec Fauquemberg avait été stérile.

A cette nouvelle, M. le curé de Saint-François de Sales se rendit à Tubersent, accompagné de quelques amis, pour s'assurer du fait et pour aviser au moyen d'obtenir la remise de la sainte Image. On leur montra, en effet, suspendue à l'âtre du foyer, comme autrefois les dieux pénates, la statue de « Notre-Dame de Boulogne de Saint-Sang ; » et saisis d'une respectueuse vénération, les pèlerins boulonnais tombèrent à genoux, épanchant leur cœur en prières d'actions de grâces. Comme à Ostrohove, la bonne Vierge était traitée avec honneur et visitée par les affligés. Le pieux gardien de ce précieux trésor se montrait incorruptible. Des conventions de famille lui faisaient une loi rigoureuse de ne le céder à aucun prix. « Vous rempliriez d'or « toute ma maison, disait-il, et je ne vous « donnerais pas cette Image que mon père a « sauvée des flots, et qu'il a gardée dans sa

« demeure au péril de sa vie, pendant la Ré-
« volution ! » Mais, quand Liébert Pacquez apprit qu'on allait reconstruire la chapelle sur
un plan magnifique, et que Notre-Dame de
Saint-Sang y serait de nouveau honorée d'un
culte solennel, il consentit, après avoir obtenu
l'agrément des autres membres de sa famille,
à la remettre entre les mains de M. l'abbé
Leuillieux. Il vint lui-même, lors d'un pèlerinage à Notre-Dame de Boulogne, au mois
d'août 1858, annoncer à M. le curé de Saint-
François de Sales cette détermination. Il ne
l'avait prise qu'avec beaucoup de peine et
après de longues incertitudes, y ajoutant la
condition qu'on lui donnerait en souvenir la
statuette qui existait à Boulogne, et qui était
une copie informe de l'ancienne.

Admirant les desseins de la Providence qui,
au milieu du naufrage de toutes les choses
saintes, avait voulu conserver l'humble Image
que nos pères vénéraient dans la *Capelette*,
M. l'abbé Leuillieux vit en cela un puissant

encouragement pour reconstruire l'antique sanctuaire. C'était à la même époque, coïncidence remarquable ! que l'autorité diocésaine se prononçait sur l'authenticité de la relique du Saint-Sang, la seule portion du trésor de la cathédrale qui eût échappé à la profanation des impies.

Le 11 novembre de la même année, jour de la fête de saint Martin, M. le curé de Saint-François de Sales fit une seconde fois le voyage de Tubersent, pour rapporter enfin à Bréquerecque, après un exil de soixante-cinq années, la vénérable statuette de Notre-Dame de Saint-Sang. Toute la population du village vint, en habit de fêtes, faire cortége à la sainte Image, durant le trajet de la maison de Liébert Pacquez jusqu'à l'église, au chant des litanies de la très-sainte Vierge et du *Magnificat*. Puis les quatre personnes qui composaient le pieux pèlerinage reprirent le chemin de Boulogne, et ramenèrent avec allégresse la céleste Exilée.

La statue de Notre-Dame de Saint-Sang fut rendue à sa chapelle, jusqu'au jour où commencèrent les travaux de reconstruction. Elle y reçut, et depuis lors elle reçoit chaque jour dans l'église de Saint-François de Sales, les hommages et les prières que les fidèles lui adressent avec confiance, et que la Mère de la divine grâce se plaît à exaucer dans les cieux.

CHAPITRE IV.

Histoire de la Relique du Saint-Sang de Notre-Seigneur
Jésus-Christ, que l'on honorait, avant la Révolution
française, dans la Cathédrale de Boulogne, et qui est
aujourd'hui conservée dans l'église de Saint-François
de Sales, de Bréquerecque.

L'église cathédrale de Notre-Dame de Boulogne possédait avant la Révolution française,
un reliquaire du Saint-Sang de Notre-Seigneur
Jésus-Christ. Tous nos historiens l'attestent ;
la tradition le proclame ; et nous avons vu
dans le chapitre II de cette notice, que les chanoines portaient chaque année ce reliquaire
en procession à la chapelle de Bréquerecque.

La description nous en a été conservée par
l'archidiacre Le Roy, official du diocèse, dans
des notes manuscrites, qui remontent à la fin
du XVIIe siècle, et qui appartiennent à M. Abot

de Bazinghen. On y lit : « La relique du Saint-
« Sang est tenue par deux anges d'argent
« doré, et au milieu est un petit cristal où il
« y a quelque chose de rouge au-dessous,
« avec cette inscription à l'entour : *Sanguis*
« *Dni Jesu Chri* (1). » Ce témoignage, écrit de la
main du savant et consciencieux historien de
Notre-Dame, est de la plus haute valeur, surtout depuis que les inventaires anciens du
trésor de la cathédrale n'existent plus.

Un autre document, non signé, écrit par une
main inconnue, repose aujourd'hui dans les
archives de l'évêché d'Arras. Le papier est
vieux et troué ; l'écriture, selon toutes les ap-
parences date au moins du XVIIIe siècle ; et,
quoique l'acte en lui-même soit dépourvu de
tout caractère de provenance qui en puisse
faire soupçonner l'origine, il n'en est pas
moins précieux à citer comme complétant la

---

(1) *Notes manusc. et autogr. sur l'hist. de N.-D. de
Boulogne, par Ant. Le Roy*, p. 65, déjà citées dans notre
Hist. de Notre-Dame, p. 14.

description du reliquaire. « Ce sont deux
« anges, d'un pied de vermeil doré, qui tienne
« (*sic*) comme une boette ronde de vermeil,
« large comme la paume de la main, couvert
« d'un cristalle où l'on voit au milieux un an-
« droit rouge, et au-dessus est écrit en lette
« gotique : *De sanguine Jesus Christis.* » L'or-
thographe est barbare ; mais le texte s'accorde
merveilleusement avec celui de l'archidiacre
Le Roy. Qu'on les relise et qu'on les compare,
on verra que le reliquaire du Saint-Sang était
une boîte ronde, large comme la paume de la
main ; que cette boîte était, au milieu, couverte
d'un cristal sous lequel paraissait quelque
chose de rouge ; et qu'au-dessus se trouvait une
inscription circulaire indiquant en latin la présence du Sang de Notre-Seigneur Jésus-Christ.
La boîte, c'est-à-dire le reliquaire proprement
dit, était portée par deux anges de vermeil
tenant à un même pied.

Ce point établi, il est intéressant d'en cher-
cher un autre. Qu'est devenu le reliquaire

du Saint-Sang, à l'époque de la Révolution ?

Le 14 janvier 1791, les délégués de la municipalité vinrent au nom de la loi faire l'inventaire du mobilier de la cathédrale. Jusque-là tout était intact ; rien n'avait été soustrait, même par précaution. Le chapitre continuait de célébrer l'office divin sans trouble, espérant contre toute espérance. Les objets les plus précieux, les reliquaires de toute nature, les vases et les ornements sacrés, les statues d'argent et de vermeil, la Vierge de Henri II, la couronne de Godefroi de Bouillon, tout était dans la trésorerie et tout figure sur l'inventaire municipal. Le reliquaire du Saint-Sang ne s'y trouve point nommément désigné ; mais on l'y reconnait facilement à ces mots : « Deux anges de ver« meille, portants un reliquaire, pezants, avec « ledit reliquaire, neuf marcs deux onces, « lequel est d'argent étranger sans poinçon (1).» C'est le seul objet qui ait cette forme : on ne peut s'y tromper.

(1) Procès-verbal d'inventaire des effets mobiliers de

Condamné au marteau et à la fonte, en vertu
des lois de confiscation, le même reliquaire est
mentionné de nouveau, le 5 novembre 1792,
lorsqu'on dressa le procès-verbal de la pesée
de l'or et de l'argent, provenant des églises de
Boulogne ; mais cette fois les anges seuls sont
présentés aux agents révolutionnaires ; la boîte
ronde, ou, pour autrement parler, le reliquaire
n'y est plus. Voici le texte : « — Cy-devant
« cathédrale : 1° deux pièces de vermeil tenantes
« au même pied, représentantes deux figures
« avec des ailes, les agrafes ayant été distraites,
« comme étant de cuivre, le surplus pezant
« huit marcs, cinq onces, deux gros. (1) »

Donc une pieuse fraude a soustrait la sainte
relique, avec la boite ronde qui la contient. On
pourra la vénérer encore, si Dieu en permet

la ci-devant cathédrale, commencé le 13 janvier et
clos le 30 mars 1791. (Vacation du 14 janvier, f° 4,
Archives de la ville).

(1) Procès-verbal de remise au district de l'or et de
l'argenterie des églises, p. 2. (Archives de la ville).

la conservation. Cette relique portera avec elle le cachet de son authenticité. On y retrouvera le petit cristal, sous lequel se voit quelque chose de rouge ; et l'inscription latine, gravée en lettres indélébiles, dira que là se trouve du sang de Notre-Seigneur, *de Sanguine Jesu Christi*. Celui qui avait dérobé au vandalisme sacrilège la relique du Saint-Sang, était M. Jean-François-Marie Ballin, vicaire-chantre de la cathédrale de Boulogne (1). De ses mains le précieux dépôt était passé en celles de son ami, M. Louis-Marie-François Marmin (2), di-

(1) M. Ballin, né à Isques, le 3 novembre 1757, prêtre en 1783, parti pour l'exil avec un passeport du 6 septembre 1792, curé d'Étaples en 1803, de Fruges en 1804, chanoine honoraire d'Arras, membre de la Société d'agriculture, sciences et arts de Boulogne, est mort à Fruges, le 14 février 1828. (Voir une notice biographique que M. l'abbé Robitaille lui a consacrée en 1859 dans la *Revue du Pas-de-Calais,* 1re année, 2e série, nos 7 et 10.)

(2) Né à Boulogne, le 2 août 1744, mort le 8 février 1826.

recteur de la poste aux lettres, puis en celles de Mlle Marie-Françoise-Lucie du Soulier d'Imbrethun (1), qui l'avait gardé fort peu de temps. Obligée, comme M. Ballin, de prendre le chemin de l'exil, à la fin de 1792, elle avait aussitôt remis le reliquaire à Mlle Marie-Françoise-Claudine-Joséphine Noël (2), qui l'emporta dans la commune de Bournonville, puis dans celle de Bourthes, où elle alla fixer sa résidence. Ces faits ont été attestés juridiquement par Mlle Noël, devant l'autorité ecclésiastique, comme nous l'allons voir.

Un jour (c'était avant 1828), M. Ballin, devenu curé-doyen de Fruges, étant allé visiter

(1) Née à Boulogne, le 27 décembre 1759, fille de Messire Charles-François du Soulier, major du régiment d'Artois, et de Françoise-Élisabeth-Claudine le Porcq d'Imbrethun, décédée à Esquermes (Lille), le 27 mars 1847.

(2) Née à Boulogne, le 4 avril 1769, fille de Louis-Marie Noël, procureur postulant en la sénéchaussée de Boulogne, et de Marie-Françoise Caron, décédée à Bourthes, le 2 février 1843.

Mlle Noël, aperçut le reliquaire que celle-ci conservait avec vénération, parmi d'autres objets de piété, et il s'écria : « Ah ! Mademoiselle, « voici donc ce que je cherche depuis long- « temps, la relique du Saint-Sang que j'ai con- « fiée à M. Marmin avant la Révolution ; je la « reconnais et je la réclame. » Sur les instances de Mlle Noël, alors dangereusement malade, qui demandait qu'on voulût bien au moins la lui laisser jusqu'à sa mort, M. Ballin ajouta : « Eh bien ! je vais ajouter aux notes que j'ai déjà sur cette relique, qu'elle est chez vous et qu'on pourra la transporter à Boulogne, quand on le voudra. » Peu après, M. Ballin mourut, et la relique resta encore près de dix ans entre les mains de Mlle Noël.

Cependant, au commencement de l'année 1836, M. l'abbé Dissaux, curé-doyen de Saint-Nicolas de Boulogne, apprit que la relique du Saint-Sang, à l'occasion de laquelle avait été édifiée la chapelle de Bréquerecque, était conservée à Bourthes, et il s'empressa de faire

faire, auprès de Mlle Noël, les démarches nécessaires pour rentrer en possession d'un trésor
si précieux. Sa demande fut accueillie favorablement ; et, dans les premiers jours du mois
de janvier, MM. Louis-Marie Caboche, curé
de Bourthes, et Louis-Marie Cousin, curé
d'Herly, vinrent à Boulogne, au nom de la
pieuse demoiselle, remettre entre les mains du
zélé doyen, le reliquaire destiné à l'antique
oratoire de Notre-Dame de Saint-Sang. Le 6
février suivant, Mgr de la Tour d'Auvergne,
évêque d'Arras, chargea M. l'abbé Dissaux de
recueillir toutes les informations qui pouvaient
servir à constater l'authenticité de la relique.
C'est à cette occasion que les deux curés de
Bourthes et d'Herly dressèrent un procès-verbal
daté du 20 février, où sont contenus en substance les faits rapportés ci-dessus (1).

Pour arriver à un résultat satisfaisant, en
fait d'authenticité, on avait deux méthodes à

(1) Voyez la pièce B, à la fin de cet ouvrage.

suivre. Ou bien, il fallait trouver ce qu'on appelle proprement les *authentiques*, c'est-à-dire les titres officiels, dressés par l'autorité diocésaine, qui accompagnent ordinairement les saintes reliques; ou bien, on avait à procéder par voie de tradition; et tout se bornait à constater l'identité de la relique. On suivit la première méthode et l'on ne put conclure.

M. l'abbé Ballin avait des notes sur la relique du Saint-Sang; mais ce fut en vain qu'on les chercha dans les papiers de sa famille. Une ancienne religieuse Ursuline de Boulogne, Madame de la Nativité, née Marie-Joseph Regnier, morte à Bourthes le 12 août 1839, avait eu, disait-elle, entre les mains les pièces qui constataient l'authenticité de la relique; mais elles les avait prêtées à M. François Noël, de Boulogne, qui voulait les copier, et depuis lors ces pièces s'étaient égarées. Que faire ? Ne pouvant trouver l'*authentique*, qu'il poursuivait avec tant de persévérance, M. Dissaux attendit. Son successeur dans la cure de Saint-Nicolas,

M. l'abbé Lecomte, vicaire général du diocèse, reprit l'affaire. Il fit interroger juridiquement une seconde fois Mlle Noël, qui déposa des faits que nous avons rapportés plus haut et qui en signa la relation de sa main (1), le six septembre 1839. En outre, il écrivit à Mlle du Soulier qui habitait Lille. Mais ce fut avec peu de succès pour l'instruction de l'affaire, car cette pieuse personne, alors âgée de 80 ans, ne se rappelait pas avoir eu la relique entre les mains. « On l'a sauvée dans le temps, dit-« elle ; j'en ai eu connaissance et je sais qu'elle « était chez Mlle Noël. Je ne me rappelle pas « du tout l'avoir eue. C'est plutôt M. Marmin « qui l'a remise à Mlle Noël. » M. Lecomte, n'étant pas plus heureux que M. Dissaux dans la recherche de *l'authentique*, dut en rester là. Il ne vint à personne l'idée de suivre l'autre méthode, qui était de beaucoup la plus simple et la plus sûre.

____

(1) Voir la pièce C, à la fin de l'ouvrage.

4.

L'autorité religieuse, au moment de la Révolution, regardait la relique du Saint-Sang
comme véritable, puisqu'elle l'exposait à la
vénération publique, en la portant processionnellement chaque année à la chapelle de Bréquerecque. Nos pères dans la foi avaient la
même responsabilité que nous, relativement
au culte divin, et ils savaient, tout aussi bien
que nous, discerner le vrai du faux. C'est au
reste sur leurs jugements que leurs successeurs
appuient les décisions qu'ils prononcent, en
matière de choses saintes. Peut-être n'avait-on
rien, en 1790, dans les archives de la cathédrale, touchant la relique du Saint-Sang ; mais
la tradition du culte et la possession immémoriale étaient là, pour donner aux consciences
la même certitude qu'un acte écrit sur parche-
min. Cette famille de vingt et un chanoines,
ce corps de prêtres savants et pieux, ne mou-
rait jamais tout entier. Toujours les plus vieux
étaient mêlés aux plus jeunes, pour dire que
de tout temps ils avaient vénéré la relique du

Sang de Notre-Seigneur, dans l'état où on la voyait. Il y a là une espèce de témoignage perpétuel qui n'offre sur aucun point la moindre solution de continuité. Le reliquaire était ancien d'ailleurs, et personne n'avait dû y toucher, depuis le jour où l'on y avait déposé les précieuses parcelles, c'est-à-dire au moins depuis le XIII° siècle. Les fidèles aussi devaient le connaître ; et le cristal qui le ferme porte la trace des baisers nombreux dont il a été couvert par plusieurs générations. La tradition était éclatante ; et, à défaut d'authentique, il n'y avait à décider que la question d'identité.

On le comprit, à l'heure marquée par la Providence. Quand M. l'abbé Leuillieux, curé de Saint-François de Sales, eut rétabli le pèlerinage de Notre-Dame de Saint-Sang, il reçut de M. l'abbé Lecomte, grand-doyen d'arrondissement et curé de Saint-Nicolas, la sainte relique que M. Dissaux avait réclamée, en 1836, pour la chapelle de Bréquerecque. L'acte de remise, écrit par M. le grand-doyen et signé de sa main, est du 25 juillet 1858. A cette époque, toutes les personnes qui pouvaient donner un témoignage personnel de la conservation de cette relique étaient mortes. On ne put même produire les pièces relatives aux informations faites en 1836 et en 1839 par MM. Dissaux et Lecomte. Mais si ces preuves manquaient, on ne fut pas dépourvu de moyens pour y suppléer. M. l'abbé Caboche, desservant de Bourthes, certifia de souvenir les faits relatifs à Mlle Noël, sans oublier de dire que M. Ballin avait reconnu la relique avant sa mort. Nous avons dit plus haut que c'est M. Caboche lui-même qui apporta le reliquaire à Boulogne, en 1836, et le remit à M. Dissaux.

D'un autre côté, M. l'abbé Flour, desservant de Maninghen-Wimille, ayant été autrefois vicaire de Bourthes, avait demeuré quelque temps dans la maison de Mlle Noël. Il s'empressa, sur la demande de M. Leuillieux, de donner par écrit et de certifier les détails qu'il avait entendu raconter à son hôtesse, sur la conservation presque miraculeuse de la relique du Saint-Sang (1).

Muni de ces renseignements, M. l'abbé Leuillieux pouvait soumettre avec confiance l'examen de la relique du Saint-Sang à l'appréciation de l'autorité diocésaine.

Quand il s'agit d'une relique qui provient d'une église, surtout d'une église épiscopale, dans laquelle on l'a honorée d'un culte public pendant six siècles, il n'est pas besoin d'acte authentique qui remonte à l'origine des choses; on constate la tradition, puis on pose la ques-

(1) Les faits exposés par M. Flour sont d'accord avec ceux que nous avons rapportés ci-dessus, d'après les documents datés de 1836 et de 1839, sauf l'addition de quelques particularités. Mise en état d'arrestation, Mlle Noël, avant de partir pour les prisons d'Abbeville, vers lesquelles on dirigea, en 1793, les victimes d'André Dumont, avait enterré la relique dans son jardin, où elle la retrouva intacte à son retour. Les autres différences qui se trouvent dans la narration de M. Flour sont insignifiantes et n'altèrent point la substance du récit.

tion d'identité. Cette question résolue, tout est dit. Aussi, après avoir procédé de cette manière, la Commission (1), chargée par Mgr Parisis d'instruire cette affaire, fut-elle d'avis que la relique étant la même que celle qui avait été possédée par le chapitre de Boulogne, on pouvait lui rendre les mêmes honneurs (2).

Le reliquaire actuel répond avec une précision parfaite à la description que nous en ont donnée les passages de Le Roy et de l'anonyme, cités au début de ce chapitre. C'est une sorte de boîte ronde, en vermeil, grande comme la paume de la main, couverte d'un émail vert foncé, semé de petites feuilles blanches, jaunes et rouges, en forme de trèfles,

(1) Cette Commission était composée de MM. Proyart et Wallon-Capelle, chanoines, vicaires généraux, Van Drival, chanoine, professeur au Grand-Séminaire et Braure, chanoine, secrétaire intime de Monseigneur· Elle a tenu sa séance le 10 septembre 1858.

(2) On trouvera aux pièces justificatives, sous la lettre D, l'acte épiscopal qui suivit et confirma le jugement prononcé par la Commission.

d'un dessin qui rappelle au premier coup d'œil
les ouvrages byzantins du XIᵉ ou du XIIᵉ siècle.
Au centre se trouve une ouverture ronde, fer-
mée d'un cristal, sous lequel apparaît une substance rouge. Au-dessus de cette ouverture,
une inscription semi-circulaire, en lettres on-
ciales du XIIᵉ ou du XIIIᵉ siècles, porte ces
mots :

✠ DE : SANGVINE : IHV : XPI

La face postérieure de la boîte représente
une rosace gothique, dans le genre de celles
qui flamboient aux pignons des cathédrales, et
dont le dessin paraît moins ancien. Le style et
la draperie des anges, qui soutenaient ce reliquaire, permettrait sans doute à l'archéologue
d'émettre un avis plus certain sur la date précise de ce remarquable morceau d'orfèvrerie ;
mais le creuset révolutionnaire en a fait sa
proie. Quoi qu'il en soit, l'œuvre, à notre avis,
peut être certainement attribuée aux artistes
du XIIIᵉ siècle : c'est une antiquité respectable.

Il y aurait encore une preuve quasi matérielle à donner pour l'identité du reliquaire.
Comme on l'a pu remarquer, dans les citations
que nous avons tirées des inventaires républi-
cains, le reliquaire avec les anges et le pied
pesait 9 marcs 2 onces (2 kilog. 263 gr.
95 cent.) ; les anges et le pied seuls ne pe-
saient plus que 8 marcs 5 onces 2 gros (2 kil.
118 gr. 63 cent.) ; la différence, pour le poids
du reliquaire seul, était donc de 4 onces
6 gros, soit 145 gr. 32 cent. (1). Mais il faut faire
observer que des agrafes en cuivre, servant à
attacher le reliquaire aux mains des anges, ont
été comprises dans le poids total et distraites
lors de la dernière pesée. Eh bien ! vérifica-
tion faite, le reliquaire, tel qu'il est aujour-
d'hui, pèse juste quatre onces (122 grammes);
et l'on conçoit que les agrafes en cuivre, pour
valoir la peine d'être mentionnées au procès-

(1) On sait que le marc vaut 244 gr. 752 ; l'once
30 gr. 594 ; le gros 3 gr. 824 ; et qu'il y a 8 onces dans
un marc, comme il y a 8 gros dans une once.

verbal, devaient bien peser quelque chose comme six gros. On n'y regardait pas toujours de si près.

L'identité matérielle et l'identité morale s'accordent donc merveilleusement. C'est bien là le reliquaire du Chapitre de Boulogne ; on n'en saurait douter.

Ce point éclairci, il nous reste à examiner plusieurs graves questions, relatives au Saint-Sang en général. Différentes églises conservent des reliques de ce genre ; et l'opinion des historiens, non plus que celle des théologiens, n'est point en unanime accord avec la tradition populaire sur la valeur réelle de ces restes vénérés. Nous allons tâcher d'apporter quelque lumière sur ce sujet, à l'aide des ressources dont l'érudition moderne est en possession.

CHAPITRE V.

Quelle est la valeur historique des Reliques du Saint-Sang? En d'autres termes, quels témoignages historiques peut-on apporter, pour prouver qu'une partie quelconque du Sang de Notre-Seigneur a été conservée sur la terre, depuis le temps de la Passion jusqu'à nos jours?

Nous devons commencer par dire qu'on honore publiquement dans l'Église catholique, sous le nom de *Saint-Sang*, deux sortes de reliques, qui se rapportent à Notre-Seigneur, savoir : Premièrement, des particules du Sang véritable qui a été versé pour notre salut, pendant le séjour du divin Rédempteur sur la terre ; et, secondement, des particules du Sang miraculeux qui a coulé, à diverses époques, de certaines hosties consacrées ou de certaines statues, particulièrement du Crucifix de Béryte. Nous n'avons à examiner ici que la question de l'authenticité du sang véritable.

Voyons donc si l'on a réellement conservé sur la terre quelque reste du Sang précieux de Notre-Seigneur Jésus-Christ.

Quand il s'agit de faits qui concernent les choses du culte, il est nécessaire de rechercher d'abord quelle est la croyance de l'Église à l'égard de la possibilité de ces faits. Divinement assistée d'En-Haut, la Mère et la Maîtresse des nations a reçu en tout temps les lumières spéciales, qui lui sont nécessaires pour discerner ce qui est bon de ce qui ne l'est pas. Aussi, est-ce un dogme de foi, c'est-à-dire une vérité révélée par Dieu lui-même, que l'Église est infaillible dans la canonisation des Saints. Par suite, c'est une vérité théologique, que l'Église est en général éclairée par l'Esprit de Dieu dans l'appréciation des reliques des Saints qu'elle expose à la vénération des fidèles. Que deviendrait la note de sainteté, décernée, dans les symboles de la foi, à l'Église catholique, si cette Église pouvait n'être pas sainte dans le culte qu'elle rend à Dieu ; si elle pouvait se tromper, en déclarant saint et en traitant publiquement et officiellement comme saint, quelque chose qui ne le serait pas ?

Or, l'opinion de l'Église, solennellement professée par un Pape dans un concile particulier, après que la question eut été contradictoirement débattue en sa présence, est favorable à l'authenticité des reliques du Saint-Sang. Voici ce que dit à cet égard Mgr Malou, évêque de Bruges, dans un ouvrage spécial sur le culte du Saint-Sang de Jésus-Christ (1), publié en 1851.

« Les scholastiques anciens ont nié que nous possédions une seule goutte du sang véritable de Notre-Seigneur, non point qu'ils eussent

(1) *Du Culte du Saint-Sang de Jésus-Christ et de la relique de ce Sang qui est conservée à Bruges, avec une courte histoire du Jubilé séculaire célébré à Bruges en l'honneur du Saint-Sang, l'année* 1850, *par l'Évêque de Bruges.* Bruges, chez Vanhée-Wante, 1851, gr. in-16.

des preuves historiques quelconques à l'appui de cette opinion, mais en vertu de certains axiômes spéculatifs, qu'ils avaient acceptés *à priori.* Ainsi ils soutenaient que le Verbe incarné n'avait point quitté les parties de son humanité, auxquelles il avait été une fois substantiellement uni. D'où ils concluaient qu'on ne pouvait soutenir, sans hérésie, que nous eussions du vrai sang de Notre-Seigneur sur la terre : car, soutenir cette opinion, c'était, selon eux, séparer le Verbe de son humanité, c'était rompre l'union admirable de l'Incarnation.

« Pie II fit justice de cette exagération au Concile de Mantoue, célébré en 1459. Le Cardinal de Turrecremata soutenait alors l'opinion des scholastiques, qu'attaquait vivement le père François della Rovere, religieux franciscain, qui gouverna plus tard l'Église sous le nom de Sixte IV, et qui publia un ouvrage sur le Saint-Sang (1). Le Souverain-Pontife

(1) *Tractatus de Sanguine Christi.* Romæ 1471 et Nuremberg 1473.

permit que la question fût discutée en sa présence. Il déclara ensuite que l'on peut soutenir sans encourir le soupçon d'hérésie, que le Sauveur nous a laissé une partie de son sang véritable sur la terre (1). » Ces détails ont été puisés par Mgr Malou dans le savant traité de Collius sur le sang de Notre-Seigneur.

Il importe de dire un mot de l'opinion des scholastiques (2) et des arguments qu'ils apportent contre la croyance aux reliques du Saint-Sang, prises en général. Ils alléguaient deux raisons principales. Premièrement, l'union hypostatique du Verbe de Dieu avec son humanité sainte, leur paraissait rendre impossible la distraction d'une partie quelconque du

(1) Nos igitur qui de prædictis certam notitiam habemus, attendentes quod veritati fidei nullatenus repugnat affirmare Redemptorem Nostrum ex Sanguine præfato ob ipsius passionis memoriam, aliquam partem in terris reliquisse... Pius II, apud Collium, *de Sang. Christi*, l. v, c. 5, p. 867.

(2) S. Thom. 3, q. 54, a. 2, ad. 3, et quodlib. 5, q. 3, a. 3.

corps du Sauveur ; secondement, la résurrection
glorieuse n'aurait pu se faire, selon eux, d'une
manière complète, si le divin Maître n'avait
pas repris avec son corps tout le sang qu'il a
répandu dans sa passion. Cela revient à dire
que le corps de Notre-Seigneur Jésus-Christ,
avant comme après sa mort, doit être un véritable corps d'homme parfait, possédant toutes
les parties que possède un corps, par conséquent possédant aujourd'hui, dans le ciel et
dans l'Eucharistie, le sang qui est un élément
inséparable d'un corps vivant. Cette doctrine
est très-exacte et très-assurée ; mais l'argument qu'on en veut tirer, contre la présence
sur la terre de quelques particules inanimées
de ce même sang, est excessif, et, comme tel,
de nulle valeur. « Pourvu, dit Mgr Malou, que
la majeure partie du sang du Sauveur ait été
reprise lors de sa résurrection, rien n'a man-
qué à son humanité sainte pour être parfaite.
Le corps le plus sain peut perdre quelques
gouttes de sang et conserver toutes ses quali-

tés essentielles. Or, on pense généralement que Jésus-Christ a repris dans sa résurrection tout le sang qu'il avait versé dans sa passion jusqu'à l'heure de sa mort, et qu'il n'a laissé sur la terre que le sang qui coula de son côté ouvert par la lance après sa mort (1). » Le plus profond théologien du XVIe siècle, le grand Suarez, adopte cette opinion, qui est partagée par Grégoire de Valentia, Vasquez, le cardinal De Lugo, Collius et d'autres auteurs justement estimés (2). « L'autorité de ces savants écrivains, c'est Mgr Malou qui parle, doit prévaloir contre les arguments des scho-

(1) Pages 44, 45. Les monuments de l'iconographie chrétienne qui représentent l'Église, saint Jean, ou même un ange, recevant dans un calice le sang de N.-S. mort sur la croix, autorisent aussi cette opinion.

(2) Voir dans l'ouvrage de Mgr Malou l'indication des textes de ces théologiens. Le docte prélat aurait pu citer encore l'opinion professée par la Faculté de Paris, le 2 mai 1448 : « Non repugnat pietati fidelium credere quod aliquid de Sanguine Christi, effuso tempore Passionis, remanserit in terris. (D'Argentré, *Collectio judiciorum*, t. I, p. 250.)

lastiques qui, en cette matière, ont trop peu consulté les faits (1). »

Interrogeons maintenant la tradition universelle de l'Église et cherchons dans son histoire quels sont les textes, les analogies et les inductions sur lesquels repose l'opinion autorisée par le pape Pie II. Nous croyons devoir emprunter cet exposé à un savant prêtre belge, M. l'abbé C. Carton, de Bruges, qui a fait l'histoire du Saint-Sang depuis les premiers siècles de l'Église jusqu'à nos jours (2), avec une grande sûreté d'érudition.

« Différents documents historiques des onze premiers siècles de l'Église attestent, dit-il, l'existence du précieux Sang de Notre-Seigneur.

(1) Ouvr. cité, p. 46.

(2) *Album descriptif des fêtes et cérémonies religieuses à l'occasion du Jubilé de 700 ans du Saint-Sang à Bruges, précédé de l'abrégé d'un essai sur l'histoire du Saint-Sang, depuis les premiers siècles de l'Église jusqu'à nos jours,* par l'abbé C. C....., in-4º oblong. Bruges, Daveluy, 1851.

5.

« Les Évangiles canoniques ne nous apprennent cependant rien sur cette relique ; mais les apocryphes (1), dont la composition remonte aux premiers siècles de l'Église, contiennent des détails circonstanciés qui s'accordent trop bien avec le zèle et le dévouement des premiers disciples, pour qu'on ne leur accorde pas une autorité historique d'une certaine valeur. J'emprunte l'analyse de ces documents et la tradition de la croyance constante des fidèles, à un discours de l'évêque de Lincoln, prononcé dans un concile national tenu en Angleterre, en 1247.

« Après la mort de Jésus, dit-il, Joseph
« demanda sans crainte le corps du Sauveur
« et il l'obtint, car on croit qu'il était un homme
« puissant. Malgré les murmures des Juifs, il
« détacha de la croix, avec honneur et véné-

______

(1) Ces Évangiles n'ont aucune valeur dogmatique ; ils ont cependant toujours obtenu un grand crédit, parce qu'ils reproduisaient la croyance générale des fidèles de ce temps. — Note de M. Carton.

« ration, le très-saint corps de Jésus, couvert
« de plaies et de blessures. Pour ne pas toucher
« indignement ce vénérable corps, il s'était
« ceint d'un linge blanc. Il essuya ensuite
« dévotement les plaies, encore humides et
« sanglantes, et les extrémités de la croix, où
« les clous avaient fait jaillir des pieds et des
« mains le sang de Jésus..... L'ayant porté
« auprès du sépulcre, il lava tout le corps et il
« conserva dans un vase très-pur l'eau dont il
« s'était servi, et qui était rougie par le sang.
« Il garda cependant plus religieusement
« encore le sang pur, sorti de ses pieds et de
« ses mains.... Il considéra l'une et l'autre
« relique comme un trésor inappréciable pour
« lui et pour ses successeurs. »

« Toute cette narration, jusque dans ses
moindres détails, n'a rien qui ne soit de la
plus grande vraisemblance et tout à fait conforme à la saine critique. Qu'on ait lavé Jésus,
on ne peut en douter, c'était là une coutume
établie. On allait d'ailleurs envelopper son corps

avec des parfums, dans des linges blancs. C'est l'Évangile qui le fait remarquer, et la propreté, seule aurait exigé qu'on lavât le saint Corps.

« Si nous n'avions aucune autorité positive, qui atteste que les fidèles du Calvaire ont recueilli le sang de Jésus, il nous suffirait de connaître le soin religieux avec lequel les premiers chrétiens ont recherché les instruments de la Passion et les vêtements du Seigneur, pour pouvoir en conclure qu'ils n'ont pas négligé de conserver le précieux Sang, répandu sur la montagne.

« Saint Jérôme atteste que, de son temps, on montrait la colonne à laquelle le Seigneur avait été attaché durant sa flagellation, et que l'on y conservait avec vénération les taches du sang dont elle était arrosée. Remarquez-bien que les disciples de Jésus ont dû acquérir cet objet à prix d'argent, et que cette acquisition a dû être faite peu de jours après la mort de Jésus, car sans cela les traces du sang de Jésus auraient disparu. L'empressement qu'ils mettent à la conservation du sang qui avait jailli sur la colonne et le soin qu'ils prennent de la colonne, prouvent jusqu'à l'évidence qu'ils n'ont pas laissé fouler aux pieds le sang qui avait coulé en abondance de ses plaies.

« Un fait incontestable vient singulièrement corroborer cette supposition. L'année même de la mort de Jésus, les Juifs lapidèrent saint Étienne, et les actes des Apôtres décrivent son enterrement par les chrétiens.

« Dans la relation authentique de l'Invention du tombeau de ce premier martyr, décrite par Lucien, Évode et saint Augustin, il est dit qu'on y trouve une fiole du sang qu'il avait répandu ; et saint Augustin atteste que plusieurs miracles s'opérèrent par la vertu de cette sainte relique.

« Si, l'année même de la mort de Jésus, les fidèles recueillirent et conservèrent précieusement le sang d'un martyr, peut-on douter que ces mêmes fidèles, qui venaient d'ensevelir Jésus, n'aient conservé plus religieusement encore le sang de Jésus ? Le sang d'un martyr était-il plus précieux que le sang du Fils de Dieu ? Pouvaient-ils attacher moins d'importance à la conservation du sang de Jésus, qu'à celle du sang d'un de ses disciples ?

« L'histoire ecclésiastique des quatre premiers siècles de l'Église atteste que les chrétiens conservaient soigneusement le sang des martyrs. A Rome, les dames le recueillaient souvent au péril de leur vie : sainte Plautille, ramassant celui de saint Paul, est saisie et condamnée au feu ; les femmes de la première famille chrétienne, sainte Pudentienne et sainte Praxède, s'adonnent à ce pieux devoir. A Milan, durant les premières persécutions, les chrétiennes imitent celles de Rome. On trouve les mêmes habitudes dans l'Asie mineure ; à Ancyre, à Carthage, dans les Gaules, partout, les femmes chrétiennes montrent le même zèle pour recueillir le sang ; elles ne reculent devant aucun péril.

« Il est bien prouvé par toute l'histoire que

les dames chrétiennes s'attachaient religieusement à imiter la vie des femmes du Calvaire ;
ce soin donc, pour conserver le sang des martyrs, aura encore son motif, son prototype,
dans le fait des femmes qui recueillent le sang
de Jésus.

« Mais ce n'est pas sur des inductions seulement que nous basons la preuve de cette
conservation du sang de Jésus sur la terre :
la tradition de toute l'Église d'Orient est là,
pour la confirmer par ses docteurs et par ses
historiens.

« L'Église d'Orient a inscrit parmi les saints
le pieux ermite Barypsabas, « qui, dit le *Méno-*
« *loge grec*, avait reçu le précieux Sang du
« Sauveur, qui découla des plaies du côté de
« Notre-Seigneur Jésus-Christ, et avec lequel
« il guérissait beaucoup de malades. Il fut
« traîtreusement tué par des infidèles, mais
« le trésor fut conservé par un de ses dis-
« ciples. »

« L'abrégé des Vies des saints qu'on lisait

dans les églises chaque dimanche, et qu'on nommait le *Synaxarium,* contient les détails suivants (1) sur le martyre de Barypsabas :

« Ce que voyant (les miracles), quelques
« personnes qui ne craignaient pas Dieu et
« qui espéraient qu'en tuant l'ermite ils ob-
« tiendraient le sacré dépôt qui opérait des
« miracles, et qu'ils gagneraient beauconp
« d'argent, ils l'ont attaqué et tué durant la
« nuit ; mais ils furent trompés dans leur at-
« tente : par une disposition providentielle,
« Barypsabas avait déjà confié son précieux
« dépôt à la garde de son disciple, et après un
« laps de temps, il fut donné à la grande
« ville (Constantinople). »

« Ainsi, voilà toute une Église qui confirme l'existence du sang de Notre-Seigneur sur la terre, en lisant aux fidèles la vie du pieux ermite qui en avait été dépositaire, et en honorant d'un culte public le martyr qui sacrifia sa

____

(1) *Acta SS.,* x septembris, p. 494.

vie, plutôt que de livrer aux infidèles la relique sainte qui lui était confiée.

« Le *Ménologe* ne marque point l'année de la mort de Barypsabas, mais le *Codex* qui contient les actes de ce martyr et qui est conservé à la bibliothèque du Vatican, porte tous les caractères d'une écriture du VIe siècle, de manière que très-probablement Barypsabas fut martyrisé dans le courant des quatre premiers siècles.

« Depuis cette époque, nous rencontrons de temps en temps, dans les écrits des pères et docteurs de l'Église et dans les historiens, des témoignages de cette existence, des preuves de la constance de cette tradition et de sa vérité.

« Une masse de documents de cette époque a péri durant les persécutions et pendant la décadence de l'Empire; mais il en existe cependant encore assez pour que nous puissions suivre avec certitude les traces de ce dépôt sacré.

« Leur rareté, d'ailleurs, s'expliquerait très-facilement ; car la conservation de cette précieuse relique exigea beaucoup de précaution, surtout pendant les guerres provoquées par les hérétiques et par les iconoclastes. On remarque en effet, toujours dans les écrits du temps, une certaine réserve dans l'indication des lieux où se trouvait déposé le Saint-Sang.

« Germain, archevèque de Constantinople, de 715 à 730, en parlant du *sacer Crater*, ou sainte Coupe, c'est, dit-il, « ce vase sacré dans « lequel on reçut le Sang qui découlait de la « plaie du côté percé par la lance. »

« Ce vase est ce qui, dans la suite, fut appelé le *Sangraal*, par les poëtes, dans les chansons de la race bretonne et dans les romans de la chevalerie, et dont les preux cherchaient à faire la conquête.

« Un siècle plus tard, George, archevèque de Nicomédie, en 867, s'exprime ainsi dans un discours : « Elle (Marie) embrassa ses pieds sa-« crés et les plaies produites par les clous.....

« Le regardant avec une tendre compassion,
« et affectionnant le Seigneur, elle recueillit
« le Sang et l'eau qui découlaient de son côté,
« et le reçut avec un grand désir et une
« grande vénération (1). »

« Ce passage d'un prélat grec, d'une si haute antiquité, mérite une attention spéciale.

« L'exemple de la Vierge a dû stimuler la piété et la tendresse des femmes du Calvaire et des hommes qui procédèrent à l'ensevelissement de Jésus ; ils ont, sans aucun doute, montré le même désir que la Vierge, de posséder le sang du Sauveur. Après la mort de la Vierge, cette relique a dû être conservée avec d'autant plus de vénération qu'elle devenait en même temps un souvenir de l'Homme-Dieu et un héritage de sa Mère.

« Métaphraste cite le discours d'un anonyme, plus ancien encore, qui atteste que « la Vierge recueillit avec soin et vénération, « *reverenter et diligenter*, le sang qui, après la

(1) Combefis, Bibl. Conc. Patrum, t. III, p. 952.

« mort de Jésus, sortait de ses plaies, comme
« s'il eût été encore en vie (1). »

« Ces témoignages deviennent de plus en
plus nombreux. Léon III, en 804, examine les
preuves de l'authenticité de la relique du Saint-
Sang conservée à Mantoue. Il réunit à cette
occasion les hommes les plus savants, les pré-
lats de toute la contrée ; et, après les discussions
les plus profondes, il lança une bulle pour
constater la vérité de la tradition qui concer-
nait cette précieuse relique.

« Dans les *Monumenta Germaniæ historica*,
publiés sous la protection de la Prusse par les
hommes les plus versés dans l'histoire, on rencontre (2) le récit de la translation d'une
portion du Saint-Sang, de la ville de Jérusalem en Sicile, sous Charlemagne. Mabillon
avait déjà publié une copie de ce document,
mais la nouvelle édition est plus exacte et revue
sur l'original, écrit vers 950.

(1) Ibid., VIII, p. 88.
(2) Script., t. IV, p. 445.

« En voici une analyse très-sommaire :

« Azan, préfet de la ville de Jérusalem, ayant
« entendu les hauts faits de Charlemagne, en-
« treprit le voyage de l'Europe, pour voir ce
« glorieux empereur. Arrivé devant l'île de
« Corse, il fut obligé d'y relâcher, à cause
« d'une maladie grave dont il fut attaqué.

« Ce préfet destinait à Charles une fiole faite
« d'un onyx, contenant du sang de Notre-Sei-
« gneur Jésus-Christ. Charles envoya des dé-
« putés au devant d'Azan, dans l'île de Corse,
« et tout l'empire fut rempli du bruit de cette
« heureuse nouvelle.

« Les députés obtinrent cet inappréciable
« trésor et le transportèrent en Sicile, où
« Charles vint au-devant d'eux, pieds nus et
« entouré de toute sa cour. »

« Il résulte des témoignages de l'histoire,
que deux villes dans l'Orient possédaient cette
relique, Jérusalem et Constantinople.

« Quant à cette dernière ville, il nous a été
conservé une preuve qu'il serait impossible de

contester : Euthymius, qui avait été chargé par Alexis Comnène de réfuter les erreurs des Bogomiles, écrivit son grand ouvrage intitulé : *Panoplie de la doctrine orthodoxe.* Les Bogomiles, renouvelant en partie les erreurs des manichéens, soutenaient que le Christ n'avait pas souffert l'ignominie de la mort sur la croix dans sa nature humaine, mais que l'ombre de son humanité s'était seule soumise aux opprobres et à la souffrance.

« En les réfutant, Euthymius dit : « Ce n'est « pas l'ombre du Christ qui a souffert, c'est « bien réellement le Christ dans sa nature « humaine. Cela est prouvé par le sang qui « découla de ses plaies et que les chrétiens « conservent encore et qui guérit souvent les « malades ; les miracles démontrent que c'est « bien là le sang de Jésus. »

« L'argument était décisif, et si un doute quelconque avait été possible, les Bogomiles auraient été trop intéressés à nier l'existence de ce sang, pour que le savant et pieux Euthymius eût osé s'exposer à un déni. »

Ce dernier témoignage appartient au XIe siècle, et nous pouvons clore ici l'exposé de la tradition de l'Église. Godefroi de Bouillon a été à même de trouver en Orient des restes du sang précieux de Notre-Seigneur; puisque tous les motifs de probabilité, les autorités primitives, le culte public rendu à un martyr dont la vie et la mort glorieuse étaient lues annuellement dans toutes les églises, enfin le témoignage formel des docteurs et des historiens de la Terre sainte, attestent qu'on avait recueilli, conservé et honoré ce sang divin, depuis le temps des apôtres jusqu'au moment où les Croisés avaient reconquis le tombeau de Jésus-Christ.

A partir de cette époque la tradition du Saint-Sang devient universelle dans l'Église. Non seulement Godefroi de Bouillon en envoie à Boulogne; mais Thierry d'Alsace en apporte à Bruges; saint Louis en obtient pour la capitale de la France, et Henri III d'Angleterre pour l'église de Westminster. Il y en avait à Mantoue, où l'on croit qu'il fut apporté par saint Longin ; à Rome, dans l'église de Sainte-Croix de Jérusalem, et dans la Basilique patriarcale de Saint-Jean de Latran ; à Troyes en Champagne ; à Sainte-Madeleine, dans la ville de Saint-Maximin ; dans l'abbaye de Sainte-Marie, à la Rochelle ; à Fécamp ; à Lillers ; à Saintes ; à Billom, où la relique parut si vénérable à Clément V qu'il en demanda une parcelle à Henri, évêque de Clermont. On en vénérait aussi quelques parcelles à Lucques et à Venise, dans l'abbaye de Weigarten en Bavière, et dans les monastères anglais d'Ashridge et de Hailes (1).

Cependant, comme il y a deux sortes de Saint-Sang, il nous parait nécessaire de rechercher si la relique de Boulogne provient du Saint-Sang véritable, conservé à Jérusalem, ou du Saint-Sang miraculeux, versé par le crucifix de Beryte.

(1) Pour cette énumération, voir Mgr Malou, ouvr. cité, pp. 39, 40 et 41 ; Faber, *le Précieux Sang*, édit. franç., 1860, pp. 328, 329.

CHAPITRE VI.

La Relique du Saint-Sang, vénérée dans la ville de Boulogne, est-elle du Sang véritable, ou du Sang miraculeux de Notre-Seigneur Jésus-Christ ?

Quoique, dans la pratique du culte, l'Église catholique n'établisse point de différence entre les reliques du sang véritable et celles du sang miraculeux de Notre-Seigneur, il n'en est pas de même du sentiment qui anime la piété des fidèles. Au point de vue liturgique, le sang qui a coulé des veines de la divine Victime sous le fouet des bourreaux, et celui qui, miraculeusement créé, est sorti des Hosties saintes, pour protester contre les outrages faits au même Dieu dans le sacrement de son amour, sont l'un et l'autre des mémoriaux de la Passion du Sauveur, et on les traitera

6

avec une égale vénération, parce que les hommages qu'on leur rendra se rapporteront toujours en définitive à l'Auteur de notre salut. Cependant, au fond, il y a une différence. Les particules du Saint-Sang de la Passion, tout inanimées qu'elles sont aujourd'hui, ont fait partie du corps vivant de l'Homme-Dieu et ont été unies substantiellement à sa divinité. On ne peut en dire autant des autres, puisque, depuis sa résurrection, l'humanité de Jésus-Christ n'est plus susceptible d'éprouver de souffrances, et que son sang ne peut plus désormais être séparé de son corps glorieux.

Il est donc intéressant de tâcher de savoir si la relique conservée à Boulogne appartient à l'une ou à l'autre des sources du Saint-Sang. Ce serait une témérité de prétendre apporter sur cette question une certitude absolue ; mais nous espérons démontrer que, suivant les plus grandes probabilités, notre relique est une partie du sang répandu sur la croix par le Sauveur des hommes.

Le savant Collius, dans son traité sur le Saint-Sang, et Mgr l'Évêque de Bruges, dans l'ouvrage que nous avons déjà cité, professent l'opinion qu'il y a dans le monde très-peu de reliques du sang véritable de Notre-Seigneur. A l'exception de deux ou trois, disent-ils, toutes les autres ne sont que des restes du sang miraculeux qui a coulé de certaines hosties consacrées, ou de certaines statues (1). Jean d'Ipres, abbé de Saint-Bertin, mort en 1392, dit de même que l'on conserve à Fécamp et à Bruges une partie du vénérable sang de Notre-Seigneur; mais que le reste est demeuré à Jérusalem. Nous n'avons point lu, dit-il, qu'il existe ailleurs, si ce n'est dans le Saint Sacrement de l'Autel, du sang qui coula des plaies du Seigneur pendant sa Passion. Quant au sang conservé à Beryte, à Paris, à Lillers et ailleurs, ajoute-t-il, il a été produit miracu-

(1) Mgr Malou, ouvr. cité, p. 41.

leusement et n'a point coulé des membres du Sauveur (1).

L'écrivain Bertinien a ignoré l'existence de notre relique du Saint-Sang, et nous n'y voyons rien qui puisse étonner, parce que la dévotion à Notre-Dame de Boulogne absorbait à cette époque l'attention des pèlerins. Mais, puisqu'il nous en signale en Europe une, celle de Bruges, à laquelle il attribue tous les caractères de l'authenticité la plus certaine, et qu'il affirme être une partie du sang véritable de Notre-Seigneur, nous allons voir si cette relique a quelque rapport avec la nôtre. Elle existe encore de nos jours ; et, en 1850, elle a été l'objet d'une procession séculaire où se trouvèrent réunis onze archevêques et évêques, présidés par S. Em. le Cardinal archevêque de Malines. C'était la première de ces belles manifestations religieuses qui ont éclaté sous

(1) *Chron. S. Bertini.* Ap. Martene, *Anecd.* t. III, p. 643.

nos yeux avec tant de magnificence, de somp-
tuosité, de religieuse grandeur et de pieuse
affluence. Les fêtes de Notre-Dame de Grâce,
à Cambrai ; de sainte Theudosie, à Amiens ;
du Saint-Sacrement du Miracle, à Douai ; de
Notre-Dame de la Treille, à Lille ; de Notre-
Dame de Boulogne, dans notre cité ; du bienheureux Benoît-Joseph Labre, à Arras ; ont
été inspirées par celles du Saint-Sang, à
Bruges.

Nous ne croyons pas qu'aucune relique de
ce genre ait été honorée d'une manière plus
solennelle, et par conséquent jouisse d'une
plus grande renommée dans l'Église. Si donc
nous comparons notre relique à celle de Bruges,
et si nous trouvons entre ces deux reliques
quelque rapport d'identité, ne serons-nous
pas fondé à conclure de l'une ce qui est incon-
testablement certain de l'autre ?

Un opuscule, aussi savant que judicieux,
ayant été publié à ce sujet par Mgr l'Évêque
de Bruges, nous n'avons rien de mieux à faire

6.

que d'y prendre *in extenso* la preuve que le docte prélat y a faite de l'authenticité de la relique du Saint-Sang conservée dans sa ville épiscopale. Cette preuve donnée, la réponse aux questions qui concernent le Saint-Sang de Boulogne sera facile. On verra que ce n'est pas un reste du sang miraculeux, mais un reste du sang véritable de Notre-Seigneur Jésus-Christ.

« L'authenticité de la relique du Saint-Sang qui repose parmi nous, dit Mgr l'Évêque de Bruges, ne peut donner lieu à aucune contestation, depuis l'année 1148, où elle fut offerte à Thierry, comte de Flandre. A dater de cette époque, elle fut placée dans un lieu public, dans la chapelle de Saint-Basile, qui faisait partie du palais de ce prince, et confiée à la garde de nombreux chapelains, qui veillaient jour et nuit à sa conservation. Plus tard, une noble confrérie se fit gloire de l'honorer et d'en propager le culte. La relique du Saint-Sang était considérée comme le plus précieux trésor de la ville de Bruges. De nombreux pèlerins se rendaient en foule dans la chapelle où elle reposait, et l'entouraient de leurs hommages. Des évêques et des princes étrangers venaient la visiter; les Souverains-Pontifes accordaient des indulgences aux fidèles qui l'honoraient. La vénération publique croissait avec les faveurs célestes que les pieux pèlerins obtenaient par ce culte. La sainte Relique n'était donc jamais perdue de vue; et tout le monde se croyait intéressé à la conserver. En pareilles circonstances, et en remontant jusqu'à l'année 1148, un doute sur l'authenticité de ce trésor est tout à fait impossible.

« A l'époque citée, en 1148, l'authenticité de la relique n'était pas moins certaine qu'elle ne l'est aujourd'hui. Le culte qu'on lui rendait à Jérusalem reposait aussi sur une tradition immémoriale. Si le moindre doute eût existé sur son authenticité, elle n'eut été digne ni du roi qui la donnait, ni du prince qui la recevait. Le patriarche de Jérusalem et les évêques de Palestine la cédaient comme un précieux trésor. Baudouin l'offrait à Thierry, comme la juste récompense des services que ce prince avait rendus à ses états. Thierry lui-même la reçut avec le plus grand respect, et chargea un saint prélat, Léon, abbé de Saint-Bertin, de l'apporter en Flandre. Rien ne prouve mieux la vénération générale dont on entourait alors cette relique, que la solennité avec laquelle le comte Thierry en fit faire la translation. On ne pouvait la traiter avec plus de respect.

« Voici en quels termes le chroniqueur du temps, fidèlement transcrit par Ipérius, raconte ce fait. « Alors, dit-il, Théodoric, « comte de Flandre, retourna dans ses états; « mais Sibille son épouse resta à Jérusalem « pour y servir Dieu à perpétuité. Elle était « fille de Fulcon, roi de Jérusalem, mort ré- « cemment, et sœur de Baudouin, roi de Jéru- « salem, alors régnant. Arrivée dans la ville « sainte, elle commença à servir les pauvres « et les infirmes dans l'hôpital des religieuses

« de Saint-Jean l'Aumônier, avec tant d'hu-
« milité qu'elle lavait de ses mains les ma-
« lades couverts de plaies et d'ulcères. A l'in-
« stance du roi son frère et de ses amis,
« elle obtint avec peine de son mari la permis-
« sion de persévérer dans cette bonne œuvre
« jusqu'à la fin de sa vie. Le roi de Jérusalem
« voulant rendre de dignes actions de grâces
« au comte Théodoric, pour le saint et pieux
« divorce auquel il avait consenti, le combla
« de grands et nombreux présents, parmi
« lesquels ils lui donna, du consentement des
« évêques et des princes, une grande partie du
« sang de Notre-Seigneur Jésus-Christ, que le
« comte rapporta en Flandre, par les mains
« de Léon, notre abbé de Saint-Bertin, et qu'il
« déposa à Bruges dans l'église de Saint-
« Basile, l'année 1148. Cette relique est une
« partie du sang précieux qui fut recueilli par
« Joseph d'Arimathie et par Nicodème, lors-
« qu'ils lavèrent le corps ensanglanté de Notre-
« Seigneur, et détachèrent le sang qui était

« figé autour de ses blessures. Léon, notre
« abbé, retourna en compagnie du comte de
« Flandre, et selon l'ordre du comte il porta
« constamment le précieux fardeau du Saint-
« Sang suspendu à son cou, et célébra tous les
« jours solennellement la sainte Messe en sa
« présence, jusqu'à ce qu'il le déposât dans
« l'église de Saint-Basile, à Bruges. »

Nous pouvons en conséquence formuler ici
un argument, et dire avec Mgr Malou : « Jamais ces honneurs publics et extraordinaires
n'eussent été rendus à la relique du Saint-
Sang, si la tradition de la Palestine n'eût été
regardée comme incontestable. » Or, cette
tradition étant solidement établie pour l'an
1148, comment ne serait-elle pas aussi certaine
pour l'an 1100 ; et quelle différence peut-il y
avoir entre la relique donnée au comte Thierry
et celle donnée au duc Godefroi ?

« Cette tradition, du reste, continue Mgr
Malou, a été confirmée par des guérisons miraculeuses, que Dieu a opérées pour justifier la

confiance que les fidèles avaient placée dans la sainte Relique, et par d'autres grâces spéciales, qui ont puissamment contribué à en propager le culte. Jean d'Ipres, auteur grave et respectable, raconte dans la Chronique de Saint-Bertin citée ci-dessus, que le Saint-Sang rapporté à Bruges, resta, durant les premières années, congelé dans la fiole de verre où il était renfermé, tous les jours de la semaine, à l'exception du vendredi où il se liquéfiait jusqu'à trois heures, moment de la passion et de la mort de Jésus-Christ. Ce prodige est attesté par une foule de témoins. Il dura, selon le père Dufay, depuis l'année 1148 jusqu'au mois d'avril 1309. Cependant le 29 avril 1388, quatre-vingts ans après qu'il eut cessé de passer à l'état fluide, le saint Sang se liquéfia de nouveau en présence de Guillaume, évêque d'Ancône, questeur d'Urbain VI et suffragant de Tournai, qui consigna ce fait dans un acte public signé de sa main et muni de son sceau.

« Ce fait extraordinaire ne s'est reproduit

sans doute pendant un si grand nombre d'années, par la permission de la divine Providence, que pour exciter la pieuse admiration des fidèles, et concilier à la sainte Relique plus de vénération et de respect.

« L'Église, à qui l'Esprit-Saint enseigne et suggère toute vérité, a favorisé ce culte et fortifié la persuasion commune, en accordant des indulgences aux fidèles qui y prenaient part. Elle a donc reconnu implicitement la vérité de cette relique, et confirmé les preuves historiques que nous venons d'indiquer. Il nous est donc permis de dire que l'authenticité de ce précieux dépôt repose sur un ensemble de preuves morales qui satisfont les esprits non prévenus, et que plusieurs faits historiques reçus comme incontestables n'ont jamais atteint le même degré de certitude. Nous avons pour elle une tradition respectable, une possession immémoriale, des monuments antiques, une persuasion commune qui se perd dans la nuit des temps. Ces preuves suffisent pour dire

que l'authenticité de la relique est incontestable.

« D'autre part, on n'opposera jamais à ces
faits et à ces raisonnements que des conjectures, des doutes, des raisons négatives, qui
en matière d'histoire n'ont aucune valeur,
parce qu'on peut les opposer en tout état de
choses aux faits les mieux établis. Nous défions
les critiques, même les plus habiles, d'alléguer
contre l'authenticité de la relique du Saint-
Sang, un seul fait réel, un seul argument positif : on ne peut donc sans témérité la mettre
en question (1). »

C'est ainsi que le docte prélat qui est assis
sur le siége de Bruges, et qui réunit à l'autorité du caractère épiscopal l'érudition de l'historien le plus sérieux et la logique du théologien le plus instruit, a établi l'authenticité,
prouvé la provenance, et déterminé la nature
de la relique du Saint-Sang qui est honorée
dans son diocèse, depuis l'an 1148.

(1) Mgr Malou, ouvr. cité, chap. v, pp. 47-53.

Quant au Saint-Sang de Boulogne, nous savons, par une relation écrite vers 1134, que l'église de Notre-Dame a été dotée par Godefroi de Bouillon de précieuses reliques envoyées de Syrie et de Palestine. Ce fait est confirmé par une charte de 1247. Une procession immémoriale, dont l'institution doit être reportée à une époque contemporaine des événements, atteste que la relique du Saint-Sang a été reçue par le clergé boulonnais, à l'endroit où a été bâtie la *Capelette* commémorative. La tradition du chapitre de Boulogne, consignée dans son martyrologe en 1694, corroborée par nos historiens des deux derniers siècles, les seuls que nous ayons, est assez claire et assez formelle. Elle n'a pu être inventée après coup, puisque le reliquaire existe encore et que la critique archéologique lui assigne au moins six cents ans de date. D'autre part, il est impossible de citer aucun texte historique, de quelque nature que ce soit, qui vienne infirmer la valeur du fait. Par conséquent, il y a lieu de recourir ici à l'un des axiômes les plus sages de la critique sacrée, et de conclure que la relique du Saint-Sang honorée à Boulogne vient de Jérusalem; parce que la tradition d'une église vaut toujours, tant qu'il n'y a pas de témoignage positif contraire.

Cette conclusion admise, il devient facile de résoudre la question posée en tête de ce chapitre. Voici en effet tout l'argument : « Le Saint-Sang de Bruges est regardé comme du sang véritable de Notre-Seigneur Jésus-Christ, parce qu'il est une partie du Saint-Sang de Jérusalem : donc le Saint-Sang de Boulogne doit aussi être regardé comme du sang véritable de Notre-Seigneur Jésus-Christ, parce qu'il est aussi une partie du Saint-Sang de Jérusalem. » Les deux causes sont identiques, et ce qui prouve la vérité de l'une prouve par là même la vérité de l'autre.

Il nous reste à examiner quel est le culte qu'on doit rendre au Saint-Sang.

CHAPITRE VII.

Du culte qui est dû au Saint-Sang.

Dans ce chapitre, nous laisserons la parole à Mgr l'évêque de Bruges (1). « On peut, dit le pieux évêque, honorer le précieux Sang de notre divin Maître en lui-même ; on peut l'honorer aussi comme une partie importante de l'humanité de Jésus-Christ, ou bien comme le symbole de la rédemption ; enfin on peut le vénérer dans ses reliques.

« Le culte du Corps et du Sang de Jésus-Christ est sans contredit le plus solennel de l'Église. Il appartient au sacrifice de la loi nouvelle et en constitue la partie principale.

(1) Mgr Malou, ouvr. cité, chap. VI, pp. 53-62.

Lorsque le prêtre offre à Dieu le Père l'hostie sainte, pour reconnaître son souverain domaine sur les créatures et notre néant, il adore en même temps le Dieu Sauveur qui se place à l'état de victime sur l'autel. Aux adorations du prêtre s'unissent les adorations du peuple fidèle, qui rend à Dieu le Père, et à Dieu le Fils, l'hommage du culte suprême.

« Nous adressons aussi le culte de latrie au Corps et au Sang de Jésus-Christ dans la sainte Communion ; car personne, dit saint Augustin, n'approche de ce Corps ni de ce Sang précieux sans l'adorer. Le sang vivant du Sauveur mérite donc le culte suprême de latrie, soit qu'on le considère dans le corps glorieux de Jésus-Christ, soit qu'on le considère dans le Sacrement de nos autels.

« Le même culte lui est dû lorsqu'on l'adore comme partie principale de l'humanité du Sauveur. L'Église a ordonné que, selon la tradition des Pères, on n'adresse à Jésus-Christ, Dieu incarné, qu'un seul culte suprême, soit

que l'on considère en lui la nature divine, soit
que l'on considère en lui la nature humaine.
Comme l'humanité du Sauveur, avec chacune
de ses parties, est substantiellement, inséparablement et indivisiblement unie à la nature
divine, avec laquelle et dans laquelle elle ne
forme qu'une seule personne, elle participe
aux attributs et partage les droits de la divinité. De cette union intime et essentielle il résulte que le corps de Notre-Seigneur Jésus-
Christ est le corps de Dieu ; et que son sang
est le sang de Dieu. Tout ce qui appartient à
Dieu même est divin, et ne doit point être dis-
tingué de lui. Nous ne pouvons donc, sans une
espèce de mensonge, séparer dans notre culte
deux natures qui sont inséparablement unies
en elles-mêmes.

« Le culte d'une partie principale de l'humanité du Sauveur est conforme aux principes
de la foi, utile à la piété et autorisé par l'É-
glise. Par ces hommages nous ne divisons pas
l'humanité de Jésus-Christ ; mais nous por-

tons notre attention spéciale sur l'un ou l'autre membre, qui nous rappelle d'une manière plus frappante et plus touchante les bienfaits de la miséricorde divine. C'est ainsi que l'Église a autorisé depuis des siècles le culte des cinq plaies du Sauveur, c'est-à-dire des membres de son corps plus cruellement blessés pour le salut du monde ; c'est ainsi encore qu'elle approuve et encourage le culte du sacré Cœur de Jésus, considéré comme le siége de son amour envers les hommes, et comme le principe de ses infinies bontés. Le saint Sang qui a animé le corps tout entier de l'Homme-Dieu, et qui a été répandu dans la Passion pour la rédemption du monde, ne mérite pas moins que les cinq plaies du Sauveur et son divin Cœur, un culte spécial et affectueux.

« Le culte que nous rendons à ce Sang adorable, comme symbole de la rédemption, n'est pas moins légitime. En mille endroits de nos saints livres l'Esprit-Saint attribue à l'effusion du Sang du Sauveur le rachat de nos péchés, et toutes les grâces du ciel. Ce précieux Sang a été préfiguré sous la loi de nature dans les holocaustes d'Abel, du temps des patriarches par le sacrifice d'Abraham, et sous l'ancien Testament par l'immolation de l'Agneau Pascal : les prophètes ont prédit ses effusions et ses effets. Lorsque la plénitude des temps fut venue, il a été répandu avec abondance, offert à Dieu le Père, et accepté par lui comme notre rançon. Ce sang est lui-même plein de mystères ; il nous rappelle et les douleurs de l'Homme-Dieu, et son amour pour nous, et la fondation de l'Église et l'institution des Sacrements. Toute l'économie de la grâce se rattache donc au Saint-Sang ; d'où il suit qu'on ne doit point le vénérer sans s'élever naturellement aux considérations les plus salutaires, ni sans éprouver pour Jésus-Christ les sentiments d'un sincère amour.

« Enfin, on peut honorer le Saint-Sang dans

ses reliques. Mais ici on se demande quel culte il faut leur adresser.

« Des écrivains respectables, De Valentia et Haag, ont pensé que la divinité reste unie aux particules du Saint-Sang que le Sauveur a laissées sur la terre (1). Si cette opinion était fondée, il faudrait rendre à ces reliques le culte que l'on rend au Saint-Sacrement ; car ces reliques, dans cette hypothèse, appartiendraient encore aujourd'hui à la personne du Sauveur et ne seraient pas moins adorables que ne le fut, durant les trois jours qui s'écoulèrent entre sa mort et sa résurrection, son corps inanimé dans le tombeau.

« Mais cette opinion ne nous paraît point probable. Si la divinité existait de cette manière parmi nous, le fait nous serait révélé. Cette union d'ailleurs ne semble point avoir de but, puisqu'elle est, sinon inconnue, au moins

(1) De Valentia *in S. Thom. de Incarn.* Disp. 1, q. 5, p. 1, ad 3. Haag, *Sanguis Christi qui in Vineis servatur vindicatus*, etc., p. 188. Constantiæ, 1758.

7.

fort incertaine. Elle est évidemment inutile ; car nous possédons dans la sainte Eucharistie le Sang vivant de Jésus-Christ, qui, par l'institution de ce Sacrement, a satisfait au désir qu'il éprouvait de demeurer parmi les enfants des hommes. Pourquoi, dès lors, la divinité resterait-elle unie à quelques particules de ce sang inanimé ? Si le Sauveur avait voulu habiter sur la terre d'une manière aussi prodigieuse, il n'eût point restreint ce bienfait au petit nombre d'églises qui se glorifient de posséder des reliques du Saint-Sang, mais il l'eût accordé au moins au plus grand nombre des églises. De plus, la résurrection de Jésus-Christ a été parfaite : le Sauveur ne reprendra donc jamais comme parties de son divin corps les parties matérielles de son humanité qu'il n'a point reprises dans sa résurrection glorieuse ; ces particules du Saint-Sang perpétuellement unies à la divinité resteraient donc aussi perpétuellement séparées de son corps glorieux. Qui oserait affirmer une chose aussi

peu croyable? Concluons donc, sans hésiter,
que les reliques du Saint-Sang qui existent sur
la terre, ne sont point unies à la divinité, et ne
méritent notre culte que comme des restes
infiniment précieux de l'humanité du Sauveur.

« La Sacrée Congrégation des Rites a confirmé cette doctrine par une décision récente
(22 septembre 1827). Ayant appris que dans
l'église de Valpolicella, du diocèse de Vérone,
on rendait à une relique du Saint-Sang de
Jésus-Christ un culte égal à celui que l'Église
rend à l'Eucharistie, les Pères de la congrégation défendirent de placer désormais cette relique dans le tabernacle, de l'encenser à deux
genoux, et de donner avec elle la bénédiction
au peuple, comme on la donne avec le Saint-
Sacrement. Sans vouloir se prononcer sur
l'authenticité de la relique, la Sacrée Congrégation jugea qu'on ne pouvait lui rendre que
le culte attribué à la vraie croix ; elle ordonna
de la conserver avec les autres reliques, hors

du tabernacle réservé à la sainte Eucharistie, de l'encenser debout, et de donner avec elle la bénédiction au peuple d'une manière moins solennelle qu'on n'a coutume de la donner avec le Saint-Sacrement (1).

« Le culte que l'Église rend aux reliques du Saint-Sang est donc un culte relatif, qui se rapporte d'abord à la relique, mais qui s'adresse en dernière analyse au vrai Sang de Notre-Seigneur. C'est par un culte relatif semblable, mais d'un degré inférieur, que nous honorons les bienheureux devant leurs reliques et leurs images. Notre culte dans ce cas a pour objet immédiat ces images et ces reliques, mais il s'adresse réellement aux saints que ces souvenirs rappellent et représentent.

« En vertu de ce principe, le Saint-Siége a pu approuver un office propre à l'honneur de la relique du Saint-Sang conservée à Mantoue, sans décider si ce Sang est réellement sorti du

______

(1) Gardellini, *Decreta S. rit. Congr.*, nº 4634, t. III. Appendix 1, pp. 30, 32. Edit. rom., 1857.

côté de Notre-Seigneur (1); et la Congrégation des rites a pu, sans se prononcer sur l'authenticité de la relique de Valpolicella, autoriser en son honneur le culte que l'Église rend à la vraie Croix ; car, si, contre toute apparence, ces reliques n'étaient point authentiques, le culte relatif qu'on leur rend n'en serait ni moins pieux, ni moins légitime, puisque, dans cette hypothèse même, il s'adresserait en définitive au vrai Sang de Notre-Seigneur, principal objet de ce culte.

« Quoique ce culte s'adresse en dernier lieu au vrai Sang du Sauveur, et constitue par conséquent le culte relatif de latrie, il doit être moins solennel dans son expression que le culte rendu immédiatement à la divinité, parce qu'on l'adresse immédiatement à la relique. Ce principe a toujours été suivi dans le culte de la vraie Croix ; la Congrégation des rites, en

(1) Bened. XIV, *de Beatif. et Canon. SS.*, l. IV. part. 2, c. 10, n° 8.

l'appliquant à la relique du Saint-Sang, a sanctionné l'usage universel.

« Si la divine providence a conservé parmi nous une relique du Saint-Sang de Jésus-Christ, c'est qu'elle veut, par l'invocation de ce sang adorable, et par le culte de cette relique, nous accorder des grâces spéciales.

« Adorons donc le précieux Sang de notre Sauveur, et demandons par lui à Dieu toutes les grâces dont nous avons besoin. Vénérons aussi du fond de notre cœur l'inestimable Relique qui nous en est restée ; et remercions le ciel de nous avoir accordé ce trésor ; car, quoique ce sang inanimé soit moins précieux en lui-même que le Sang vivant du Sauveur que nous possédons dans l'Eucharistie, il est beaucoup plus précieux comme souvenir et comme gage spécial de l'amour de Jésus-Christ envers nous. Les églises peu nombreuses qui ont conservé ce monument matériel de la Passion, possèdent évidemment un gage rare et tout particulier des miséricordes de l'Homme-Dieu envers son peuple. Glorifions-nous de ce témoignage spécial, et tâchons d'en recueillir toujours les fruits par une vie sainte et vraiment chrétienne. »

FIN.

PIÈCES JUSTIFICATIVES

A.

ROBERTUS I, *Artesiæ comes, sacrarum Reliquiarum à Godefrido Bullonio ex Syria ad Lensensem ecclesiam missarum capsam, anno 1247 curat aperiendam, coram Legato Apostolico, et Jacobo episcopo Atrebatensi.*

ROBERTUS Comes Atrebatensis omnibus præsentes litteras inspecturis salutem in Domino.

TENET et recitat modernorum posteritas, cujus memoria ab Antiquorum relatu successive descendit, qualiter olim Christianissimus Jerosolymorum Rex Godefridus de Bullon, Dux Brabantiæ, Dominus de Lens in Artesio, et Comes de Bolonia supra mare, suas Beatæ Mariæ Lensensis et Boloniensis Ecclesias quadam prærogativa specialis amoris pretiosis ac miraculosis dotavit atque ditavit Reliquiis (quas per eum acquisitas in partibus transmarinis utrique Ecclesiæ pro medietate dicitur æqualiter divisisse) reconditis sub sera in quadam Capsa simplici illis potissimum Reliquiis quas nunc in hujusmodi divisione specialiter Lensensi

PIÈCES JUSTIFICATIVES

A.

ROBERT Ier, *comte d'Artois, fait ouvrir en 1247, en présence du Légat Apostolique et de Jacques de Dinant, évêque d'Arras, une cassette de reliques envoyées de Syrie, par Godefroi de Bouillon, à l'église Notre-Dame de Lens.*

ROBERT, comte d'Artois, à tous ceux qui ces présentes lettres verront, salut en Notre-Seigneur.

Les hommes de la génération actuelle tiennent et racontent, d'après la tradition constante des anciens, que Godefroi de Bouillon, très-chrétien roi de Jérusalem, duc de Brabant, seigneur de Lens en Artois, et comte de Boulogne-sur-mer, par une prérogative d'amour spécial, a jadis doté et enrichi ses églises de Notre-Dame de Lens et de Boulogne, de précieuses et miraculeuses reliques, qu'il s'était procurées dans les pays d'outremer, et qu'il avait, dit-on, réparties par moitié en faveur de chacune de ces deux églises; que celles qui, dans ce partage, furent assignées spécialement à l'église de Lens, enveloppées de soie et enfer-

Ecclesiæ deputavit; ibique intra eandam Ecclesiam, aliis Reliquiis abundantem, jacuisse creduntur, usque ad hæc tempora non inspectæ.

Quam ob rem nobis et Nobili Uxori nostræ MATHILDI, quorum ipsa Lensensis Ecclesia esse dignoscitur, nuper visum est dignum fore, ut tam Sanctæ Reliquiæ amplius non laterent sub modio, sed super candelabrum ponerentur.

PRESENTIBUS itaque Reverendis Patribus M. Tusculano, Apostolicæ Sedis Legato, et Jacobo Atrebatensis loci Diœcesano Episcopo, nec non Nobilibus Viris Henrico Duce Brabantiæ, Willelmo Comite Flandiæ, ejusque matre et uxore Flandriæ Comitissis, ac aliis multis Baronibus, qui ad preces nostras illuc convenerant, Capsam ipsam, super majus Altare dictæ Lensensis Ecclesiæ fecimus oculata fide, in crastino Octavarum Beati Martini hiemalis, in facie omnium, visibiliter aperiri.

Qua aperta Reliquiarum sanctarum, prout credibilia monstrant indicia, cunctis intuentibus reperta est copia intra eam. Ita quod Dominus Legatus, ob reverentiam Reliquiarum ipsarum, æternum memoriale statuens, hujus rei festum solemne, cum Missa de Beata Virgine, in eadem Ecclesia nostra amodo celebrandum indixit annis singulis die illa ; indultis ab ipso nihilominus sexaginta diebus et a præfato Episcopo Atrebatensi, ab eodem Legato Auctoritate Apostolica confirmatis, omnibus qui caussa devotionis accesserint ipsa die.

mées dans une simple cassette, sont restées dans cette même église, riche d'ailleurs en autres reliques, sans avoir été examinées jusqu'à présent.

C'est pourquoi, Nous, et Mahaut notre noble épouse, auxquels appartient, comme chacun sait, l'église de Lens, avons estimé que de si saintes Reliques ne devaient pas rester plus longtemps sous le boisseau, mais qu'il fallait les mettre sur le chandelier.

Aussi, en présence de Révérends Pères [Odon de Châteauroux], évêque de Tusculum, Légat du Siége Apostolique, et Jacques, évêque diocésain d'Arras, de nobles personnes, Henri, duc de Brabant, Guillaume, comte de Flandre, [Marguerite] sa mère, et [Béatrix] son épouse, toutes deux comtesses de Flandre, et de beaucoup d'autres barons, qui, à notre prière, se sont là réunis, nous avons fait ouvrir publiquement, à la face et sous les yeux de tous, ladite cassette, sur le grand autel de l'église de Lens, le lendemain de l'octave de la fête de saint Martin d'hiver [19 novembre].

Ladite cassette ayant été ouverte, on y a trouvé une grande quantité de saintes reliques, accompagnées de marques d'authenticité que tous les assistants ont pu voir, et qui ont paru dignes de foi ; de sorte que, pour fonder en l'honneur des saintes reliques un mémorial perpétuel de cette cérémonie, Monseigneur le Légat a ordonné qu'on célébrât désormais, chaque année, ce jour-là, dans notre église, une fête solennelle, par une messe de la sainte Vierge, avec soixante jours d'indulgence, accordés par lui, et quarante accordés par l'é-

Omnes igitur et singulos, ad quos pervenerit notitia præmissorum, requirimus et rogamus attente, quatenus ipsam Ecclesiam nostram, propter Deum et nos, specialius ac devotius solito venerantes, ei largiantur caritatis subsidia largiora, donec ejus consummationem videant, et cum auro et argento dictas Reliquias sic aptatas, quod eas intueri et osculari libere valeant in aperto.

Datum anno Domini millesimo ducentesimo quadragesimo septimo, mense Novembri.

vêque d'Arras, et confirmés par le Légat, en vertu de son autorité Apostolique, à tous ceux qui ce jour-là visiteront par dévotion ladite église.

Nous prions en conséquence et nous supplions instamment tous et chacun de ceux qui auront connaissance de ce fait, de visiter notre église avec plus de zèle et de piété, pour l'amour de Dieu et de nous, et de lui accorder avec plus d'abondance le secours de leurs aumônes, jusqu'à ce qu'ils la voient achevée, et que lesdites reliques étant enchâssées dans l'or et l'argent, on les puisse contempler et baiser librement et sans obstacle.

Donné l'an de Notre-Seigneur mil deux cent quarante-sept, au mois de novembre.

OBSERVATIONS.

Au temps de Godefroi de Bouillon, l'Église de Lens, qui était une collégiale de douze prebendes, dépendait des comtes de Boulogne. Aubert Le Mire a publié une charte de 1070, par laquelle Eustache II et sainte Ide, son épouse, renouvellent et confirment les priviléges et les possessions accordées à cette église par leurs prédécesseurs, *ab antecessoribus nostris*. Une autre charte, de l'an 1106, témoigne du grand intérêt que ces comtes portaient à Notre-Dame de Lens.

La charte de Robert Ier dont on vient de lire le texte, était insérée dans le livre rouge du chapitre de Lens. Elle a été publiée d'abord par Olivier Vredius, dans les preuves de la généalogie des comtes de Flandre, tome I, tab. 7, p. 230. Le Roy l'a citée, dans les preuves de l'histoire de Notre-Dame de Boulogne, p. 260. Nous l'avons tirée d'Aubert Le Mire (édit. Foppens, t. I, p. 204). On remarquera que nous avons traduit le nom du légat *M. Tusculano*, par *Odon de Châteauroux, évêque de Tusculum*. Nous croyons, en effet, que le texte est fautif en cet endroit. Ceux qui sont instruits de la diplomatique savent qu'on peut fort bien confondre un O avec un M dans un texte du treizième siècle. Le Légat Apostolique, évêque de Tusculum, qui fut envoyé en France par Innocent IV pour prêcher la croisade, et qui, le 25 avril 1248, consacra la Sainte-Chapelle de Paris, était *Odon de Châteauroux*; et nous n'avons pas hésité à rectifier une faute de lecture, qui nous paraît évidente, et qui, du reste, n'est pas de nature à infirmer l'autorité du document.

Quant à savoir quelles étaient les reliques dont il est question, et si dans le nombre il y en avait une du Saint-Sang, l'histoire ne fournit aucun document qui puisse renseigner sur ces points la curiosité du lecteur.

B.

Lettre du 20 février 1820, constatant la remise de la relique du Saint-Sang à M. Dissaux, curé-doyen de Saint-Nicolas, par MM. Caboche, curé de Bourthes, et Cousin, curé d'Herly.

A Monsieur Dissaux, curé-doyen, à la basse-ville de Boulogne, le desservant de Bourthes.

Monsieur,

J'ai l'honneur de vous transmettre la relique, dite du Saint-Sang, que Mlle Noël m'a confiée l'été dernier.

Au moment de la tourmente révolutionnaire et de la déportation des prêtres, M. Balin, alors vicaire de la haute-ville de Boulogne, la déposa chez M. Marmin, qui la remit à Mlle Dusoulier d'Embertun. Cette dernière, forcée elle-même de quitter Boulogne, la donna à Mlle Noël, qui la conserva religieusement jusqu'aujourd'hui. Voilà ce que Mlle Noël, fille tout à fait digne de foi, m'a attesté, ainsi qu'à M. Cousin, et ce que Mlle Dusoulier vous attestera au besoin.

Mlle Noël nous a déclaré, de plus, à l'un et à l'autre, que, il y a quelques années, M. Balin, étant venu à Bourthes, et apercevant cette relique, s'est écrié :

« Voici un objet que je recherche depuis longtemps et qu'avant la révolution j'ai moi-même confié à M. Marmin ; vous allez me le remettre » ; et, sur la prière de Mlle Noël de la lui laisser encore, il en prit note pour en informer le clergé de Boulogne. M. Balin mourut peu après.

Nous, curés d'Herly et de Bourthes, soussignés, certifions ce que dessus comme l'exacte déposition de Mlle Françoise Noël, domiciliée dans cette dite paroisse de Bourthes.

Est signé : Cousin, desservant d'Herly, Caboche, desservant de Bourthes. Bourthes, le 20 février 1836.

C.

Déposition de Mlle Noël, signée d'elle, et de MM. Caboche, curé de Bourthes, et Cousin, curé d'Herly, nommés commissaires informateurs, par M. l'abbé Lecomte, vicaire général, 6 septembre 1839.

A Monsieur Lecomte, curé-doyen de Saint-Nicolas, à Boulogne, chanoine, vicaire général.

Monsieur,

Pour nous conformer à votre désir, M. le curé d'Herly et moi soussignés, nous nous sommes transportés chez Mlle Noël, rentière, à Bourthes, et voici ce qu'elle nous a déclaré, au sujet de la relique du Saint-Sang que l'on croyait perdue :

Au moment de la déportation des prêtres, M. Balin, vicaire à la haute-ville de Boulogne, confia cette relique à M. Marmin, maître des postes. Celui-ci crut devoir la déposer chez Mlle Dusoulier d'Embertun, maintenant à Lille. Forcée elle-même, par le trop céèbre André Dumont, de s'éloigner de Boulogne et de partir pour Abbeville, elle fit appeler Mlle Noël et la lui remit entre les mains. Mlle Noël la conserva précieusement pendant toute la révolution, et même jusqu'au moment où, réclamée par M. Dissaux, doyen de Saint-Nicolas, que j'avais informé, M. le curé d'Herly et moi nous eûmes l'honneur de la lui porter.

La susdite Mlle Noël déclara encore qu'après la révolution, le même M. Balin, alors doyen de Fruges, se trouvant chez elle, et apercevant tout à coup cette relique, s'écria : « Voici la relique du Saint-Sang que j'ai confiée à M. Marmin ; je la reconnais et je la réclame. » Sur les instances de Mlle Noël, alors dangereusement malade et qui demandait qu'on la lui laissât jusqu'après sa mort, M. Balin ajouta : « Eh bien ! je vais adjoindre aux notes que j'ai déjà sur cette relique, qu'elle est chez vous et qu'on pourra la transporter à Boulogne quand on voudra. » M. Balin mourut peu de temps après.

Telle est la déclaration de Mlle Marie-Françoise-Claudine-Joséphine Noël, signée de sa main, et dont nous, soussignés. Louis-Marie Cousin, curé d'Herly, et Louis-Marie Caboche, curé de Bourthes, attestons avec serment l'exactitude.

Est signé : † M.-F.-C.-J. Noël ; Caboche, desservant ; Cousin, desservant.

Nous soussignés, Louis-Marie Cousin, curé d'Herly, et Louis-Marie Caboche, curé de Bourthes, conjointement avec la susdite Mlle Noël, attestons encore que madame de la Nativité, ex-religieuse Ursuline à Boulogne, née Regnier, Marie-Josèphe, décédée à Bourthes, le douze août dernier, nous a déclaré avoir eu entre ses mains les pièces qui constataient l'authenticité de la relique du Saint-Sang, qu'elle les a prêtées à M. François Noël, qui voulait les copier, et qu'elles se sont égarées chez lui.

Est signé : † M.-F.-C.-J. Noël; Caboche, desservant; Cousin, desservant.

Bourthes, ce 6 septembre 1839.

D.

Reconnaissance authentique de la relique du Saint-Sang, le 4 octobre 1858.

PETRUS LUDOVICUS PARISIS

Miseratione divina et Sanctæ Sedis Apostolicæ gratia Episcopus Atrebatensis, Boloniensis et Audomarensis,

Universis has præsentes litteras inspecturis salutem in Domino.

Visa relatione a quatuor canonicis facta qua Nobis constat pretiosissimam Reliquiam vulgo *de sanguine Jesu Christi* nuncupatam, quæ olim in ecclesia cathedrali civitatis Boloniensis ad mare exposita erat, per infausta revolutionis gallicanæ tempora a pluribus personis piis fideliter etiam periculo vitæ fuisse conservatam et ad nos pervenisse intactam ;

Nos, qui quantum possumus, auctoris nostræ salutis gloriæ procurandæ semper intenti sumus ;

Per præsentes declaramus supradictam Reliquiam habendam esse ea veneratione qua per septem sæcula in tota regione habita fuit.

Quapropter in sua antiqua capsa, figuræ rotundæ

D.

Traduction de l'acte de reconnaissance de la relique du Saint-Sang, du 4 octobre 1858.

Pierre-Louis Parisis

Par la miséricorde de Dieu et la grâce du Saint-Siége Apostolique,
Évêque d'Arras, de Boulogne et de Saint-Omer;

A tous ceux qui ces présentes lettres verront, salut en Notre-Seigneur.

Vu le rapport qui Nous a été fait par quatre chanoines, constatant que la très-précieuse Relique, dite *du Sang de Jésus-Christ*, qui était autrefois exposée dans l'église cathédrale de Boulogne-sur-mer, a été conservée fidèlement, même au péril de la vie, par plusieurs personnes pieuses, durant les temps malheureux de la révolution française, et Nous est parvenue intacte;

Toujours attentif à procurer, autant qu'il est en Nous, la gloire de l'Auteur de notre salut,

Nous déclarons par les présentes que ladite Relique doit être tenue en même vénération qu'elle l'a été pendant sept siècles dans tout le pays.

C'est pourquoi nous l'avons laissée dans son antique

8.

ex una parte parvo crystallo simulque encausto in qua
legitur hæc inscriptio :

De Sanguine Jesu Christi,

ex altera vero lamina argentea auro lita, ornataque
lineis in modum rosæ radiantibus, bene clausa, repo-
sitam reliquimus et publicæ venerationi fidelium in
moderna Ecclesia Sancti Francisci Salesii, supradictæ
civitatis Boloniensis de novo exponi permisimus. Quo
vero hæc testatiora sint, supradictæ capsæ sigillum
Episcopale nostrum in cera Hispanica rubri coloris
impressum filo serico etiam rubri coloris appendi cura-
vimus.

Datum Atrebati, in festo sancti Francisci, die quarta
mensis octobris anni 1858.

Pro illustrissimo ac Reverendissimo DD. Episcopo
Atrebat. etc. in decursu visitationum pastoralium.

(Scellé).   *(Signé)* PROYART, vic. gen.

reliquaire, de forme ronde, bien fermé, close d'un côté par un petit cristal avec un émail, où on lit cette inscription : *De Sanguine Jesu Christi*,

(Du sang de Jésus-Christ);

de l'autre, par une plaque d'argent doré, ornée de lignes qui rayonnent en forme de rosace, et Nous avons permis qu'on l'exposât de nouveau à la vénération publique des fidèles, dans l'Église de saint François de Sales, de ladite ville de Boulogne. Et afin de donner à cette reconnaissance un caractère plus certain d'authenticité, nous avons fait mettre audit reliquaire notre sceau épiscopal, imprimé en cire d'Espagne, de couleur rouge, pendant à un fil de soie de même couleur.

Donné à Arras, en la fête de saint François, le quatrième jour du mois d'octobre de l'an 1858.

Pour Monseigneur l'Illustrissime et Révérendissime Evêque d'Arras, etc., en cours de visites pastorales.

PROYART, vic. gén.

TABLE DES MATIÈRES.

Arras, typ. Rousseau-Leroy, rue Saint-Maurice.